Anja Liedtke

Blumenwiesen und Minenfelder

Anja Liedtke

Blumenwiesen und Minenfelder

Reiseerzählungen aus Israel

projektverlag.

ISBN 978-3-89733-352-9
© projekt verlag, Bochum/Freiburg 2014
www.projektverlag.de
Cover Design: punkt KOMMA Strich, Freiburg
www.punkt-komma-strich.de

Inhalt

Ein Morgen im Leben einer Freiwilligen von
Aktion Sühnezeichen Friedensdienste in Israel oder:
Zum Einstieg 7

Ein Arbeitstag im Leben einer Freiwilligen von
Aktion Sühnezeichen Friedensdienste oder: Meir Schwarz 17

Ein Nachmittag im Leben einer Freiwilligen
von *Aktion Sühnezeichen Friedensdienste* oder:
Ester Golan 34

Schabbat bei Birkenbaums 49

Nablus 57

Osterspaziergang im Wald von Jerusalem 65

Yad Vashem – Hand und Name 77

Tel Aviv – Hügel des Frühlings 83

Golan – Blumenwiesen und Minenfelder 92

Galiläa 98

Totes Meer 105

Eilat am Roten Meer 108

Jordanien – Akaba und Wadi Rum 113

Petra 124

Ein Morgen im Leben einer Freiwilligen von *Aktion Sühnezeichen Friedensdienste* in Israel
oder: Zum Einstieg

Es ist sechs Uhr am Morgen. Eine Stunde schon besteigt die Sonne den azurblauen Himmel. Ein Schrei hat mich geweckt. Sofort registriere ich, der gehört weder hierher noch in meine deutsche Heimat. In die Atmosphäre eines Dschungels versetzt er mich. Kam er aus meinem Inneren? Vollständig erwacht höre ich nur die Krähen im Essigbaum vor dem Fenster und das Papperlapapp eines Schwarms grüner Papageien. Er fliegt über das flache Dach unseres uralten arabischen Hauses hinweg. Der Schrei wiederholt sich nicht.

Der Eichelhäher im Maulbeerbaum vor dem Balkon braucht gar nicht so zu tun, als wäre er der Verursacher, so laut schafft der nicht. Die Sperlinge stehlen ihm die Schau. Piepsend hängen sie sich über Kopf in die Äste, ihre Kumpel stürzen sich auf die dargebotenen braunen Brüste und Bäuche. Sie werden unterbrochen von einem Geräusch, einem Aufschlagen, vielleicht Plastik auf Beton? Ich richte mich auf. Hinter den beiden Bäumen schläft ein würfelförmiges Haus. Eine angedeutete Kuppel liegt obenauf. Sie verhindert Wasser auf dem Flachdach. Aus seinen Fugen wachsen Passionsblumen. Der Eckgarten ist verwildert. Auf dem hellen Gehsteig vor dem Würfel ziehen zermatschte Maulbeeren rote Striemen. Wespen bewegen sich senkrecht darauf zu und davon weg. Sie haben die Orientierung verloren. Durch den dunklen Matsch hat eine in Plastikfolie geschweißte Zeitung eine Schneise gezogen. Das war die Ursache des Aufschlags und des Geräuschs. Die Schneise führt bis vor das Schulgebäude neben dem leer stehenden Haus. Ich höre das Mofa des Zeitungsboten fortfahren. Wenn ich dem Orientierungsflug der Wespen zuschaue, werde ich seekrank. Der zerstoßene Bettrahmen und die schmutzige Matratze beginnen, unter der sauberen Bettwäsche zu schwanken. Ich hefte den Blick fest in den Essigbaum, um in den flaumbezogenen Ästen Anker zu werfen. Da fliegt ein großer weißer Vogel vor der Himmelsbläue heran. Seit Monaten frage ich mich, ob man die Farben der israelischen Flagge angesichts dieses Himmels ausgesucht hat. Derselbe Blauton, und die Wölkchen hatten sich in den Augen der Pioniere zum weißen Davidstern geformt. Mir formen sie sich zum Vogel. Um einen Storch kann es sich nicht handeln, er müsste lange Beine hinter sich herziehen. Für einen Ibis fehlt ihm der ausladende Brustsack. Der Unbestimmte landet im Baum, stellt einen gelben Hahnenkamm auf, reißt den gekrümmten Schnabel auf und schreit den Dschungelruf, der mich geweckt hat. Vor Überraschung richte ich mich ruckartig im Bett auf, fast wäre ich aufgesprungen und auf den Balkon gestürzt mit dem Ruf: »Das ist ein Kakadu!« Er muss ausgerückt sein. Vielleicht bei den arabischen Händlern auf dem Altstadtmarkt? In der Via Dolorosa ist seit Jahren ein Kakadu angekettet. Im warmen und fruchtbaren Jerusalem kann er auch in freier Wildbahn überleben. Von nun an sehe ich ihn jeden Morgen.

Auf der anderen Seite der Wohnung klappert die weiße Aluminiumtür, gibt aber nicht nach. Ich bewundere den 20-jährigen Dominik für seine Geduld. Andere in seinem Alter würden die Tür eintreten, wenn sie ihren Morgenurin zur Toilette bringen müssten. Dominik muss den Weg zur Toilette über die Außenterrasse nehmen, wenn er nicht durch Monikas Zimmer will. Er will, doch die 60-jährige Freiwillige wünscht keinen frühmorgendlichen jugendlichen Durchgangsverkehr.

Die Türen sind verbogen und verschandeln das Gebäude. Es ist aus rohen Sandsteinquadern errichtet, voller Simse und Bögen, kuppelartiger Decken, sternförmiger Luftlöcher und zierlicher Balkone von der Art, wie Romeo und Julia sie betraten. Diese orientalischen Häuser besaßen schmale glaslose Fenster, um das heiße Sonnenlicht draußen zu halten. Heute sind sie erweitert und verglast, wodurch es innen nicht mehr kühler ist als auf der Straße. Im Winter dringen Wind, Regen und Kälte durch die unzureichend isolierten Rahmen ein. Früher baute man mit bescheideneren Mitteln, aber dem Klima angepasst, stabil für Generationen und in preiswerter Eigenarbeit mithilfe von Freunden und Bekannten. Heute dagegen werden wir dazu erzogen, nicht viel zu können, sondern zu kaufen, unter der Natur eher zu leiden und gegen sie zu kämpfen. Eltern, Schule und Universität scheinen den Sinn unseres Lebens im Geldverdienen und Konsum zu sehen. Handwerkliches Geschick, gesellschaftliche Mitbestimmung, Ethik und Ästhetik gehören kaum zum Bildungsplan. Ich leiste Widerstand. Ich kann zwar immer noch kein Haus bauen, aber durch mein kleines Dasein bestimme ich die

Gemeinschaft mit und versuche sie ein wenig freundlicher zu gestalten. Darum bin ich hier und stehe jetzt auf.

Ich schlüpfe in Flipflops, weil die beiden Mitbewohner nicht putzen – ich bemühe mich, den Hausputz alleine zu schaffen – und gehe über lose Fliesen. In der Küche gilt mein erster Blick und Gruß der Turteltaube auf der Fensterbank. Die Rotbraunschillernde schaut mich mit Knopfaugen an, bevor sie die dünne Haut über die schwarzen Knöpfe senkt und schläft. Ihr Nest ist grob gebaut, weil die Luft ab Mai warm bleibt. Das Zweiggeflecht muss nur das weiße Ei halten. Mein erster Griff gilt dem Einschaltknopf des Herdes. Immer noch warte ich, dass die Sicherung herausfliegt, wie sie es den Winter über getan hat, als jeder von uns einen Elektroofen in seinem Zimmer bullern ließ. Der Bau des Hauses reicht in eine Zeit zurück, in der Zentralheizungen nicht zum Standard zählten.

Dominik kommt aus dem Bad, grüßt, setzt sein langstieliges Gefäß für türkischen Mokka auf die Platte neben meine italienische Zubereitungsart. Ich bereite mir ein Müsli, Dominik tritt mit dem Kaffee auf die Terrasse, um eine Zigarette zu rauchen. Wir reden morgens beide nicht gern, daher mögen wir uns. Und wir mögen, dass Monika länger schläft. Vor ihrer Pension war sie Lehrerin und ist ans frühmorgendliche Sprechen gewöhnt.

Falls Dominik es rechtzeitig schafft, treffen wir uns an der Bushaltestelle wieder. Aber das kommt selten vor.

Ich steige die steilen Sandsteinstufen vor dem Haus hinab, hebe die Füße über wuchernde Agaven. Niemand pflegt den Garten. Die hinderlichsten Agaven und Palmwedel habe ich mit dem Brotmesser abgeschnitten, um mir nicht länger die Kleidung zerreißen zu lassen. Das verfaulte Tor im Garten ziehe ich an einem Band zu und klemme es über ein altes Eisenscharnier. Blaue Farb- und weiche Holzsplitter springen herunter. Ich umgehe die Wasser- und Stromuhren, mein Blick berührt den Eisenhaken in der Wand. Früher wurde an ihm ein Esel angebunden. Auf dem Gehsteig liegt ein toter Spatz neben einer zerdrückten Cola-Dose und einem Eisstiel. Ich stakse durch Wischwasser. Einer der Angestellten des Cafés nebenan schüttet es jede Nacht um drei Uhr auf die Straße. Für mich das Zeichen, dass ich bald schlafen kann. Zuletzt drehen sie die Musik ab. Daraufhin herrscht endlich Ruhe im Viertel.

Im Schaum weichen Serviettenfetzen, Papierschnipsel von Zuckertüten und schwimmen Plastikschnipsel von Spekulatiustüten, die auf Untertassen gelegen haben. Das Pflaster wird von Unrat, Wüstenstaub und Blütenstaub derart glatt, dass die Stadt Jerusalem es monatlich hochdruckreinigen lässt. Hell gleißt das unebene Sandsteinpflaster. Derselbe Stein aus der Region ist Pflicht für Hausfassaden. Eine dunkle Fassade zerstörte nicht allein das orientalische Bild, sie triebe zugleich den Stromverbrauch der Klimaanlage in die Verschwendung. Ich suche die Sonnenbrille aus der Handtasche hervor und grüße mit den Händen in der Tasche Jossi, den Händler von Gegenüber. Seine Waren kosten für Touristen mehr als für Einheimische. Für mich liegt der Preis in der Mitte, wie auch mein Status als im Land arbeitende Ausländerin dazwischenliegt. Jossi hängt Bananen raus und stapelt staubige Sechserpacks Mineralwasser unterm Fenster.

Ich behaupte, ein Fußgänger auf einem Zebrastreifen hat Vorrang, ein lila Reisebus gibt nach. Darin sitzen lauter Christen, gleich auf dem Parkplatz zwischen den Kirchen werden sie singen. Alle drei Gotteshäuser, römisch-katholisch, franziskanisch, russisch-orthodox, sind Johannes dem Täufer gewidmet. Er soll in Ein Karem geboren sein. An der hiesigen Quelle traf seine Mutter die Mutter von Jesus, wie Frauen es an diesem Ort seit der Bronzezeit getan haben. Wasser war ein Treffpunkt.

Den ganzen Tag lang brummen die Motoren und Klimaanlagen der christlichen Reisebusse neben unserer Grundstücksmauer. Der Busparkplatz hat ein Stück des Gartens abgenagt und versiegelt. Beide Flächen gehören der Stadt Jerusalem. Ihr erster Bürgermeister, Teddy Kollek, geboren in Österreich-Ungarn, stellte der deutschen Freiwilligenorganisation *Aktion Sühnezeichen* Haus und Grund unentgeltlich zur Verfügung. Nur Strom und Wasser werden seit vierzig Jahren bezahlt. Im Herbst soll das Gebäude zurückgegeben werden. Die Stadt braucht Geld und will es verkaufen. Die Zeiten sind günstig, Ein Karem hat sich zum hippen Viertel entwickelt. Restaurants, Boutiquen und das erste Luxushotel siedeln sich an. Der Vorort ist umgeben von Oliventerrassen, Pinienwäldern, blühenden Gärten, Rad- und Wanderwegen. Am Samstag kommt her, wer frei von Schabbatregeln essen, fahren, feiern will. Hier tobt der Verkehr, wenn in der Innenstadt alles stillliegt, um den höchsten Feiertag der Juden zu ehren.

Ein Karem war ein arabisches Dorf. Noch immer leben christliche Araber neben säkularen Juden und einigen Orthodoxen. Vom muslimischen Turm ruft kein Muezzin mehr. Die Synagoge ist in einem Wohngebäude untergebracht. Die Mitbewohner achten die Religion so wenig, dass sie sich über die Lärmbelästigung durch die gottesdienstlichen Gesänge beschweren.

Die Gemeindemitglieder besichtigen unser Haus, nachdem sie gehört haben, dass die Stadt es veräußern will. Die hohen, gewölbten Decken eigneten sich perfekt als Gotteshaus. Gesänge störten die Nachbarn nicht. Die sind ihrerseits laut: Rechts grenzt eine Bar direkt an mein Zimmer, links liegt die Grundschule mit ihrem Basketballfeld. Aber die Gläubigen können nicht so viel Geld bieten wie Geschäftsleute. Verhandlungen stehen bevor. *Aktion Sühnezeichen* setzt sich für die Gemeinde ein, weil die Juden versprechen, zwei Räume dürfe die christliche Organisation weiterhin bewohnen, falls ihnen das Haus zugesprochen wird.

Die internationalen Christen auf dem Parkplatz hängen sich Trommeln und Gitarren aus Afrika und Indien um. In bunten Gewändern und lila Tüchern ziehen sie laut durch die Gassen. Die Juden spazieren still lächelnd in weißer Baumwolle oder in schwarzem Anzug zur Synagoge.

Über das Dröhnen des Touristenbusses, der hinter mir über das Zebra rollt, legt sich ein weiteres Busdröhnen von der helleren, scheppernden Art der Nahverkehrsmobile. Ich blicke mich um und entdecke zu meinem Schrecken den grünen Mercedesbus der Firma Egged. Noch ehe meine Augen wieder geradeaus gerichtet sind, renne ich an den stinkenden Containern der Restaurants vorbei und stürze fast über einen Parkplatzbegrenzungspöller. Katzen schauen auf, um zu sehen, was es gibt, das der heftigen Bewegung lohnt. Mich wundert, dass der Bus nicht vorbeifährt, sondern sein Lärm gleichmäßig nahe bleibt. Ich drehe den Kopf. Der Bus fährt im Schritttempo neben mir, die Tür ist geöffnet, der Fahrer schaut mich auffordernd an. In unvermindertem Lauf schwenke ich nach links und springe die niedrigen Stufen hinauf, geradewegs vor die kleine Kasse des Fahrers. »Toda raba«, bedanke ich mich hechelnd, versuche das Gleichgewicht zu halten, zugleich in meiner Handtasche nach der Monatskarte zu suchen.

Egged-Fahrer entstammen allen religiösen und ethnischen Gruppen: dunkel-häutigen, blassen, arabischen, moslemischen, jüdischen, christlichen, säkularen. Allen gemeinsam ist die orientalische Fahrweise: Sie schlingern und schleudern in der Kurve, schlagen gegen Bordsteine, fahren kräftig an und bremsen hart, sie behandeln die Fahrgäste wie totes und billiges Frachtgut. Ich sehe in diesem Fahrstil den Grund für die Form der Bevölkerungspyramide. In jenen Ländern, in denen Busfahrer vorsichtig fahren wie in Deutschland, ist sie auf den Kopf gestellt. – Von den deutschen Fahrern hätte mich jedoch keiner in das fahrende Mobil springen lassen.

Mein Rentenalter vorwegnehmend kegele ich zum nächsten erreichbaren Sitz hinter den Behindertenplätzen und pralle mit dem Venushügel gegen eine Metallstange. Aufgrund dieser Fahrweise hatte ich gestern gleich den Behindertensitz genommen, war aber zwei Haltestellen später von einem der St.-Vinzenz-Heimbewohner vertrieben worden. Der junge Mann schien diebische Freude zu empfinden, dass einmal er gesellschaftliche Vorrechte genoss, anstelle dieser Gesunden, Wohlgekleideten, Frischfrisierten, Schweigsamen, die alle Jobs machen können. Hinter ihm stiegen weitere junge Männer in ausrangierten Militäruniformen voller Flicken, Flecken und Löcher ein und brachten sich gegenseitig bei, wo man überall sitzen konnte, wohin man fuhr, in welchen Bus man umstieg. Ich kenne sie seit Monaten. Ein hübscher Mann spricht nicht. Alles, was er mitteilt, singt er in den Melodien der Gottesdienste. Neben ihm sitzt einer, dem passt keine Uniform. Zwischen Jeans und Sweatshirt quillt nacktes Hüftfleisch. Seine Gelenke scheinen überdehnt. Seine Finger halten nie still, ebenso wenig wie seine Nase, die ununterbrochen schnupft. Was unabänderlich bleibt, ist sein Lächeln. Selbst Ermahnungen an seine Kollegen, die zu laut reden oder lachen, erteilt er lächelnd. Eine dicke junge Frau setzt sich weg von den Behinderten hin zu Nichtbehinderten und fängt ein Gespräch an. Ein Milchrest trocknet in ihrem Mundwinkel, doch ihr Körpervolumen kann kaum vom Trinken und Essen stammen. Ob die Pfleger ihr Medikamente geben? Ihr samtener lila Rocksaum berührt nie ihre Ringelstrümpfe, so weit steht er ab.

Auf dem Herzlberg steigen wir alle aus, seit Egged die direkte Linie in die Innenstadt eingestellt hat. Angeblich wegen geringer Nachfrage. Seither bekommen wir, die aus Ein Karem, einen ausrangierten, nach nassen Katzen stinkenden, schmutzigen Extrabus. Zweimal täglich zieht er auch die Schleife zum Holocaustmahnmal Yad Vashem. Gegenüber dem Museum und dem

Park zu Ehren des österreichischen Gründers der zionistischen Bewegung, Theodor Herzl, warten wir auf die weiterführenden Busse.

Eine wartende, berufstätige Hausfrau mittleren Alters verbeugt sich mit ihrer Taschenthora in den Händen, küsst das Buch, bevor sie es in die Handtasche steckt und die Nummer 8 besteigt.

Eine funkelnd silberneue Straßenbahn fährt klingelnd über den noch unbepflanzten Mittelstreifen. Einzige Fahrgäste sind ein paar Männer in orangefarbenen Warnjacken und der Fahrlehrer. Die Sitze bleiben in Folie verpackt. Von Monat zu Monat zerreißt die Schutzfolie mehr oder fehlt. Das Prestigeobjekt Jerusalems und Ärgernis der Steuerzahler bewegt sich auf diese absonderliche Weise seit einem halben Jahr durch die Stadt. Die Haltestellen beginnen zu verrotten, ehe sie benutzt werden. Die digitalen Anzeigen kündigen Züge an, die nie kommen. Wer die fast leere Bahn sieht, zeigt darauf, redet drüber, schaut ihr nach, schüttelt den Kopf. Zehn Jahre hat es gedauert, die erste Straßenbahn Israels zu bauen. Die Baustellen verursachen jahrelange Umleitungen durch Gassen, dreifache Fahrzeiten, Staub und Staus. Aber schön anzusehen ist sie. Und erst ihre Brücke! Weit außerhalb Jerusalems ist sie von den Hügeln und Wäldern rundherum zu sehen. Auf der Spitze blitzt ein Toplicht zur Warnung für Flugzeuge und Hubschrauber. Von dem Licht gehen Strahlen in Form von Drahtseilen aus. An ihnen hängt ein schwebendes Schiff aus einem glasähnlichen, grünlich transparenten Material. Dies schwingt sich über ein Geflecht von Straßen und mündet vor dem Hauptbusbahnhof. Von hier fahren die Überlandbusse nach Haifa, Tel Aviv, Be'er Scheva, Eilat, zum Toten Meer und zum Felsen von Masada ab.

Die Palästinensergebiete sind über den Busbahnhof im Osten der Stadt zu erreichen.

Beim Bau dieses Bahnhofs fanden sich eine Schädelstätte, Gräber aus der Jahrtausendwende und eine Olivenpresse. Plötzlich war ein Ort entdeckt, der mit größerer Wahrscheinlichkeit Golgatha gewesen sein könnte als der inmitten der Altstadt. Engländer pflegen seither den von Abgasen umwehten Garten.

In die blauen Busse steigen ausschließlich Araber und Touristen. Besitzer israelischer Pässe dürfen die Checkpoints höchstens in Ausnahmefällen passieren. Das soll Gewalttaten verhindern. Vor allem aber trennt es die Menschen voneinander, sodass eine mündliche Auseinandersetzung, ein klärendes Gespräch unter Nachbarn, ein Aufeinanderzugehen bereits im Ansatz unterbunden wird. Mitteilungen und Nachrichten vermitteln allein Medien, Militärs, politische und religiöse Führer. Ob deren Aussagen über die andere Seite wahr sind oder von eigenen Interessen verbogen, lässt sich über und durch die Betonmauer und die Checkpoints weder erfahren noch erfragen.

Im 20er-Bus ist ein Platz frei. Ein Teenager ist tief in die Lektüre der Thora versunken. Ich räume seine Schaufäden beiseite, um mich neben ihn zu setzen. Diese Zizijot stellen die Erfüllung des Gebotes aus dem 4. Buch Mose dar. Dort heißt es, man solle Quasten an den vier Ecken seines Gewandes anbringen und sich jedes Mal, wenn man sie sieht, an die Gesetze Gottes erinnern, um sie einzuhalten. Da niemand mehr orientalische Mäntel trägt, werden die Schaufäden an Leibchen genäht, die die Männer unter dem weißen Anzughemd, dem Polohemd oder dem T-Shirt tragen.

Eine sehr zarte Frau um die 30 studiert abwechselnd die Thora und ihr iPod. Ihr rotblondes Haar glänzt in der durch die schmierigen Scheiben einfallenden Sonne, es schwingt über den Seiten und dem winzigen Monitor. Mehrere Morgen überlege ich, ob auch ich den Transparentpuder auflegen könnte, den sie benutzt. Würde er mir stehen oder bin ich zu grobschlächtig? Endlich entdecke ich, dass die Frau »Schaitel«, eine Perücke, trägt, wie es unter verheirateten ultraorthodoxen Frauen zum Zeichen der Keuschheit üblich ist. Der Zweck leuchtet mir nicht ein. Die Perücken stehen an Schönheit und Reiz dem natürlichen Frauenhaar in nichts nach. Häufig sind sie aus demselben geknüpft und glänzen heftiger als lebende Haare. Orthodoxe Damen setzen verzierte Hüte auf oder binden Kopftücher um. Manche verbergen Haare, andere tragen rasierte Köpfe.

Die junge Soldatin mir gegenüber legt einen Fuß auf ihr Knie, um die Handyhand auf dem Munitionsfach ihrer Uzi abzulegen, während sie eine SMS tippt und mit der anderen Hand den Kaffeebecher hält. Die Mündung der Maschinenpistole weist auf meinen Bauch. Sobald ein anderer Platz frei wird, nehme ich ihn ein. Das dauert lange, weil zuerst Alte einen angeboten bekommen. Junge bis mittelalte Passagiere stehen reihenweise auf, selbst wenn die alten

Leute gar nicht sitzen wollen. Manche von ihnen betteln, man möge sich wieder setzen.

Schwangere lassen sich nicht zweimal bitten. Von ihnen gibt es mehr als in Deutschland. Die Bevölkerungspyramide haben also nicht nur rentnermordende Busfahrer zu verantworten.

Der Fahrer dreht das Radio lauter, als die Nachrichten gesendet werden. Die erste Neuigkeit des Tages berichtet von der Erschießung Osama Bin Ladens. Der älteren Frau mir gegenüber schleicht sich ein Lächeln aufs Gesicht. Die Dame hinter ihr legt ihr die Hand auf die Schulter. Eine Geste der Erleichterung. Alle anderen im Bus verziehen keine Miene. Meir Schwarz, der Holocaust-Überlebende, für den ich arbeite, denkt nicht, dass es nützt, Terroristen und Despoten zu töten. Sie sind austauschbar und wachsen nach. Viele Israelis fürchten Racheakte gegen westlich eingestellte Nationen. Ebenso zweifeln sie an der Demokratie nach dem »Arabischen Frühling«. Sie warten auf den Tag, an dem ein Machtvakuum entsteht, das die Moslembrüder zu füllen verstehen. Doch selbst wenn die Demokratie siegt: Die Auslöschung der feindlichen Religion und des Nachbarstaates kann auch demokratisch beschlossen werden. Israelis glauben an den Hass des Pöbels, der von seinen Führern manipuliert wird. Dieser Glaube beruht auf über 2000 Jahren Erfahrung.

Am Shuk, dem jüdischen Markt, verdichtet sich der Verkehr. Hier ist es so voll wie am Busbahnhof. Beide Orte gelten als prädestiniert für Bombenattentate. Links liegen die Verkaufsstände, rechts steigen Stufen in kleine Verkaufsläden unter das Straßenniveau. Ein Verkäufer versucht, Küchenrollen an der Hauswand hinauf zu stapeln. Ich denke, er ist dumm, das geht nie. Aber es gelingt ihm doch. Nebenbei begrüßt er die Nachbarhändlerin. Sie hängt bunte Haushaltsgeräte aus Plastik an Haken, bis auch ihre Hausfront bedeckt ist. Auf der anderen Seite schüttet ein Händler Erdbeeren zu einem Berg. Die äußere Bergwand formt er zu einer gleichmäßigen Pyramide. Der Weinhändler schreibt Schilder: Vier Flaschen aus dem Golan zu 100 Schekel. Das Angebot will ich nach Feierabend wahrnehmen. Fünf Euro pro Flasche sind preiswert. Alkohol ist teuer im Nahen Osten.

Im Süßwarenladen nebenan kaufen Schüler ihr Pausenbrot. Selbst in Deutschland und in Amerika habe ich nicht solche Massen an Schokoladentafeln, Kekspackungen, losen Weingummihaufen, Lakritzbergen, Kaugummis, Eisstangen und Brausetüten gesehen.

Vor den Bus läuft ein Bäckerlehrling – auf einem Blech trägt er Sesambrezel. Das Abbremsen des Verkehrs nutzen zwei Arbeiter. Der eine zieht, der andere schiebt eine Europalette, hoch beladen mit Tetrapacks, über die abschüssige Fahrbahn. Ihr LKW parkt unterhalb der Luftmessmaschine. Sie muss verklebt sein von den Ausdünstungen des Marktes und der Fahrzeuge. Schwarze Patina überzieht einen Abfallcontainer. Er wird fleißig von Händlern befüllt. Dicht daneben liegt eine Steckdose auf der Straße. Ab und an steckt ein Arbeiter einen Stecker in die Dose und lässt den Müll pressen. Auf den Rand des Containers hat der Schächter einen abgeschabten Ochsenschädel gestellt. Weiß glänzt der Knochen, rosa das Blut, braun die Hörner. Kein guter Anblick für meinen morgendlich empfindlichen Magen. Und das Gehirn ist verwirrt und meint von seinen Sinnen zu sein, wenn sich diese Aussicht mit dem Duft von frischen Backwaren und Kaffee mischt.

Der Fahrer dreht das Radio leise, die Nachrichten sind beendet, ein Prediger beginnt, die politische Lage zu interpretieren. Der Bus biegt scharf rechts herunter in die King George Street, wird vom Bordstein in die Fahrbahn gestoßen und setzt mit dem Gelenk Made in Kassel/Germany auf.

Boutiquen für Unterwäsche, Bettwäsche, traditionelle Damenkleidung, moderne Jugendkleidung reihen sich. Ich verrenke den Hals nach einer Auslage von Spitzenkleidern, Röcken und Blusen. Lang, dünn und weiß, die ideale Bekleidung bei diesem Klima. Es wird Spaß machen, zusammen mit den orthodoxen Frauen zu shoppen, und anschließend werde ich nicht mehr als Ausländerin identifiziert.

Meine Feierabendplanung ist perfekt, noch bevor ich mit der Arbeit begonnen habe. Vor der zentralen Synagoge Jerusalems steige ich aus.

Ein Arbeitstag im Leben einer Freiwilligen von
Aktion Sühnezeichen Friedensdienste
oder: Meir Schwarz

»Boker tov«, begrüße ich den Türsteher Mosche. Er sitzt im Polohemd neben der Eingangstür vor zwei Bildschirmen. Der eine zeigt die Nachrichten, der andere das Innere des Gebäudes. Hier war einst das zentrale Rabbinat Jerusalems untergebracht. Ich putze die Füße auf dem feuchten Aufnehmer ab. Vorsichtig, um nicht auszugleiten, betrete ich den frisch gewischten Steinboden und grüße den jungen Mann afrikanischer Abstammung, der für die Nässe verantwortlich ist.

Die Altenbetreuung liegt fast ausschließlich in asiatischen Händen. Sie schieben die Rollstühle, sie motivieren die Gehübungen in den begrünten, kleinen Straßen hinter dem Gebäude. Gehe ich ins Café Europa, wo sich Holocaustüberlebende wöchentlich zu Kaffee, Kuchen und einem Vortrag treffen, so ist jedem Alten, der nicht allein zurechtkommt, eine Asiatin zugeordnet. Nur Ester Golan wird von einer Deutschen begleitet, von mir. Außer mir und meinen Kollegen leisten orthodoxe Frauen Freiwilligendienst im sozialen Bereich, anstelle des Militärdienstes.

Mit einem Rundblick durchquere ich die Halle. Neue Gemälde hängen an den Wänden, die Ausstellung hat gewechselt. Der Künstler kommt auf mich zu, um sich und seine Themen vorzustellen. Er wirkt überschlank und groß, sein Bart wallt lang und weiß. Bereits sein Vater habe religiöse Bilder in Jerusalem gemalt. Der Maler weist auf leuchtende Ölfarben. Gesicht und Hut eines Rabbiners treten daraus hervor. Woran erkenne ich, dass es sich um einen Rabbi handelt? Den breitkrempigen Hut tragen viele Orthodoxe. Die nach unten gerichteten Augen? Sie lassen auf Lesen oder Denken schließen. Die sanften, harmonischen Züge? Die zeigen nicht alle Rabbiner. Mein Blick gleitet in die rechte Ecke auf die Signatur. Ich muss lachen, unterdrücke die Frage: »Sie heißen Jom Tov«? Ich schaue den Mann an, der »Guter Tag« heißt. Das kann doch nur ein Künstlername sein, oder?

»Guter Tag« malt schöne Bilder, aber meine Arbeit interessiert mich mehr als seine. Ich eile die Treppen hinauf vorbei an dem Gemälde einer Jeschiwa, einer Thoraschule im Polen des frühen 20. Jahrhunderts.

Um eine Galerie herum reihen sich die Büros des Beit Ashkenaz, der Israel Media Watch und einer Organisation, die russischen Einwanderern hilft. Die Frauen in diesem Büro sprechen sehr laut, ihr junger Chef lässt die Türen von der Zugluft zuschlagen.

Der Blick von der Galerie in die Halle hinunter zeigt Mosches Rücken im Bürostuhl neben der Tür, die Halle auf dem Monitor, die Ölbilder und den Künstler, der hinaus in die Sonne tritt.

Die Tür zum Beit Ashkenaz steht einen Spalt offen, ich sehe den hellen, spärlich weiß behaarten Kopf von Meir Schwarz über den Schreibtisch gebeugt. Ich freue mich, für diesen Mann da zu sein, doch trete ich nicht ein. Früh am Morgen mag ich nicht reden oder zuhören, ich will erst die E-Mails kontrollieren, Nachrichten auf Deutsch und Englisch lesen und ein wenig still arbeiten. Meir Schwarz wird schon zu mir kommen, um die Aufgaben zu besprechen, auf Veranstaltungen hinzuweisen oder mir aus seiner Vergangenheit zu erzählen. Das erste, was er sagen wird, ist: »Woher wissen meine Füße, dass ich alt bin?« Ich lache über den Scherz, obwohl er mich schmerzt. Ich will, dass Meir Schwarz ewig lebt, und ich bedaure, dass ich ihn zu mir laufen lasse, anstatt gleich zu ihm ins Büro zu gehen.

Ich schließe die Tür auf. Meir Schwarz hat extra für mich einen zweiten Raum angemietet. Ein Zimmer reicht nicht mehr für alle Mitarbeiter aus, obgleich die nicht täglich und nur für ein paar Stunden kommen.

Da ist Ilana, das Kind amerikanischer Einwanderer und die Einzige im Institut, die kein Deutsch spricht. Sie kümmert sich um die Administration, bis sie entschieden hat, ob sie an ihre Feldenkrais-Ausbildung ein Studium anschließt und wenn ja, welches. Seit ich sie um Hilfe bei dem jüdisch-deutschen Wörterbuch bat, ist sie fasziniert und überlegt, ob sie Linguistik studieren soll.

Das Wörterbuch geht auf eine Sammlung jüdischdeutscher Begriffe zurück, die Meir Schwarz aus seiner Kindheitserinnerung aufgeschrieben und auf späteren Deutschlandreisen gehört hat. Seit den 30er-Jahren sterben westjiddische Wörter aus, bis auf die wenigen, die in den allgemeinen Wortschatz eingegangen sind und von nichtjüdischen Sprechern für typisch Münsterländisch, Ruhrgebietsdeutsch, Hundsrücker Platt oder fränkisches Lachoudisch gehalten werden. Bei eingehender Recherche stellt sich heraus, dass die meisten der Vokabeln hebräischen oder gar aramäischen Ursprungs sind. Die »Ische« stammt von »Ischa«, Frau, die findet sich sogar in meinem Iwrit-Lehrbuch für Anfänger. Unser »meschugge« steht als »meschugah« im Alten Testament. Der »Großkotz« hat sich wahrscheinlich über jüdischdeutsch »kozen« für »wohlhabender Mann« aus »kazin«, dem biblischen Obersten entwickelt. Im modernen Iwrith ist das der Offizier oder der Führer.

Jüdische Händler und Hausierer, die von Haus zu Haus gingen und jüdische Viehhändler, die von Dorf zu Dorf zogen, auf Messen christliche Kunden und Kollegen trafen, gaben ihre Ausdrücke samt Waren weiter. Anderes erlauschten Nachbarn und Dienstmädchen bei jüdischen Familien. Die Aussprache variierte von Region zu Region.

Im Postfach finde ich heute die Antwort des ehemaligen Bürgermeisters von Schopfloch. Auch er beschäftigt sich mit dem Wortschatz. Schopfloch und Feuchtwangen sind wahre Fundgruben für Jüdischdeutsch, weil hier viele Juden gewohnt hatten. Der pensionierte Bürgermeister und ich tauschen Übersetzungen aus und versuchen uns auf eine Schreibweise der gesprochenen Sprache zu einigen.

Habe ich an dem Projekt getan, was sich heute voranbringen lässt, lese ich Elishevas Österreich-Buch Korrektur. Das Beit Ashkenaz ist ein privates Institut, das sich zur Aufgabe gestellt hat, die Geschichte der Synagogen zu erzählen, die in der Reichspogromnacht 1938 geschändet, demoliert und verbrannt worden sind. Die Arbeit nahm sich Meir Schwarz nach der Pensionierung als Dozent und Forscher für Hydrokultur vor. Sie sollte ein Jahr seines Lebens in Anspruch nehmen. Daraus sind zwanzig geworden. Denn bald erwiesen sich die Angaben Joseph Goebbels als falsch, nach denen mehrere hundert Gotteshäuser dem angeblichen Volkszorn zum Opfer gefallen waren. In Wahrheit wurden bei der wohlgeplanten Aktion fast 1500 vernichtet. Für alle alten Bundesländer gibt es inzwischen Gedenkbücher. Das Werk der Autorin Elisheva wird das nächste sein. Ihm folgen Bände über die Synagogen auf dem Gebiet der ehemaligen DDR sowie dem heute polnischen Ostpreußen, Pommern und Schlesien.

Elisheva ist eine 30-jährige Rheinländerin. Sie konvertierte zum orthodoxen jüdischen Glauben. Frage ich sie, warum, antwortet sie: „Ich bin konvertiert, weil das Judentum für mich die Wahrheit repräsentiert, moralische Werte vermittelt, dem materiellen Leben eine geistige Bedeutung verleiht, eine umfassende Erklärung aller Ereignisse auf der Welt gibt, und weil ich mich entschlossen hatte, ein Leben nach der Thora zu führen."

Stoßen Elisheva oder ich auf Probleme mit den Laptops oder dem Layout, rufen wir den Studenten der interaktiven Medien, Ronen zu Hilfe. Er stammt aus meiner Nachbarstadt Dortmund. Wir pflegen den Ruhrdialekt in Israel, wenn wir uns Scherze über die Monitore und Aktenreiter zuwerfen. Ronen verließ sein Land, um in Israel eine neue Heimat zu finden. In Deutschland hatte er in jüdischen Gemeinden und Organisationen gearbeitet, sein soziales Umfeld war genauso jüdisch geprägt gewesen wie die Arbeit. Sogar die Wohnung hatte direkt neben der Gemeinde gelegen. Schließlich begann ihm seine nicht-jüdische Umwelt fremd zu werden. Die Selbstverständlichkeit, die ihm in Deutschland abhandenkam, fand er in Israel. Wäre er nicht verheiratet, würde er im Café oder im Pub flirten können, ohne mit sich und der Religion in Konflikt zu geraten. Denn hier sind alle jüdisch, auch die Kellnerinnen, witzelt er.

Ich bedaure sein Fortgehen, obwohl ich Ronen in Dortmund wahrscheinlich nicht kennengelernt hätte. Wir mussten beide nach Israel kommen, damit ich den Witz des jungen Mannes lieben lernte. Am Ende der Freiwilligenzeit möchte ich den Burschen unter die Jacke stecken und nachhause entführen. Seine nette Frau nehme ich gleich mit. Ich bin der Sephardim, der marokkanischstämmigen Jüdin, bei der deutschen Buchmesse in Jerusalem begegnet.

Die Crew an Bord des aschkenasischen Hauses ist also jung — bis auf den Direktor Schwarz und Uri Kellermann. Uri hat neun Kinder. Er ist Israeli der ersten Generation, seine Eltern stammten aus Deutschland. Seit der Pensionierung durchforscht er im Internet Archive nach jüdischen deutschen Zeitungen. Manchmal fördert er Kuriositäten zutage wie den Ausschnitt aus dem Jahre 1933: Kurz nach der Machtergreifung schreibt ein jüdisches Blatt über das, was der frischgewählte Kanzler Hitler in seinem Pamphlet »Mein Kampf« für Pläne entwickelt hatte. Aber, so der Journalist, selbst wenn Hitler auch noch den Reichspräsidenten Hindenburg entmachten würde, was er nie täte, so bliebe er doch ein deutscher Kanzler und würde als solcher nie und nimmer solches verwirklichen, was er in seinem Buch ankündigte. Das sei nichts als Populismus.

Meir Schwarz versucht die Tür aufzuschließen, ich rufe: »Es ist offen. Kommen Sie herein, Professor. Boker Tov.«
Der kleine, alte Mann tritt ein. Das Größte an ihm ist seine schwarze Hose. Mein Onkel trug ebenso eine. Als Kind hatte ich mich gefragt, ob sie um die Hüften herum so weit war, damit die großen Opataschentücher hineinpassten, die in der Prä-Papiertaschentuchgeneration üblich waren. Tatsächlich wischt sich Meir Schwarz oft mit solch einem Tuch unter der Nase her oder reibt die wässrigen, blauen Augen. In diesen Augen und in der Geste ähnelt er nicht meinem Onkel, sondern meinem Vater. Ich sitze immer wieder fasziniert vor der Ähnlichkeit, sage aber nichts davon. Wie die Männer meiner Familie trägt auch der Professor stets ein weißes Hemd und normalerweise ein Jackett. Heute trägt er zwei Jacketts in den Händen und keines am Leib. Beide Männer, mein Onkel wie auch Meir Schwarz, zeichnen sich durch runde, rasierte Gesichter aus. Seit ich aus den Pessachferien zur Arbeit komme, stehen weiße Stoppeln im Gesicht des Professors. Ich erschrak, dachte augenblicklich daran, dass er vor einem Jahr einen Schlaganfall erlitten hatte. Kann er sich nicht mehr rasieren? Achtet er von nun an nicht mehr auf sein Äußeres? Ich spreche ihn nicht darauf an und mag es auch von niemand anderem hören. Ich habe Angst um ihn.
33 Tage nach Pessach ist er plötzlich glatt rasiert. Und er erzählt, sein dreijähriger Enkel habe den ersten Haarschnitt bekommen. Auf den geschorenen Kopf wird zum ersten Mal die Kippa gelegt und um die Schultern des Kindes der kleine Gebetsschal. Es ist Lag Ba'Omer. Die Trauerzeit ist unterbrochen. Man darf Haare schneiden und heiraten.

»Guten Morgen. Was wollte ich mit Ihnen besprechen?«
»Ich weiß nicht, Professor, aber sie haben zwei Jacketts in den Händen und keins an.«
»Ach ja, gut, dass Sie mich erinnern.« Er setzt sich auf einen der blau bezogenen Stühle an der hellblauen Wand und lüftet in einer gewohnheitsmäßigen Geste kurz die schwarze Kippa, um sie auf nahezu derselben Stelle wieder abzulegen. Höchstens wenige Millimeter war sie heruntergerutscht.

Die meisten Männer tragen sie mittig über dem Wirbel am Hinterkopf. Einige etwas seitlich. Die Position hängt von der Kopfform ab. Die Kippa hält am besten auf der Kopfwölbung. Sind die Haare lang genug, wird sie mithilfe einer Spange befestigt. Die derzeitige Mode unter jungen Männern, Glatze oder raspelkurze Haare zu bevorzugen, führt oft zu fallenden und fliegenden Kippot auf Zebrastreifen und Verkehrsinseln. Die Besitzer hetzen ihnen unter Gefahr ihres Lebens nach, um sie unwillig oder liebevoll auf ihren Häuptern unter Gottes Augen zu platzieren.

Ich drehe meinen Schreibtischstuhl in Richtung Meir Schwarz.

»Heute wird es um zehn Uhr einen Alarm geben. Erschrecken Sie nicht«, sorgt er für mich.

»Warum gibt es Alarm, Professor?«

»Heute ist Schoah-Gedenktag. In einer Woche heulen noch einmal die Sirenen zum Tag der Befreiung.«

»Befreiung von Auschwitz, Professor?«

»Genau. Später im Jahr findet ein Bombenalarm zur Probe statt. Dann laufen wir zum nächsten Bunker. Unser liegt unter der zentralen Synagoge nebenan. Der Alarm ist mehr für die Kinder, damit sie lernen, was sie im Ernstfall zu tun haben.«

»Ist gut. Soll man heute was Bestimmtes machen?«

»Sie nicht. Aber ich muss in die Knesset. Das wollte ich Ihnen sagen. Ich muss gleich gehen.«

»Ist gut, Professor.«

Er will sich erheben. Dabei fallen ihm die Jacketts ein. »Ach ja, ich bitte Sie um einen Rat. Welches soll ich anziehen für die Knesset?«

»Das dunkelblaue passt leider nicht zu ihrer Hose, Professor. Schade, es schaut eleganter aus. Das schwarze also.«

»Haben Sie vielen Dank.«

Ich bin stolz wie eine Tochter, dass er meinen Rat einholt, und möchte ihn am liebsten umarmen, weiß aber, dass Orthodoxe Berührungen gern vermeiden. Einmal hatten wir einen unliebsamen Besucher im Büro sitzen. Meir Schwarz bat mich für eine Unterredung vor die Tür, um mich zu fragen, was wir mit ihm machen. Ich griff Schwarz unter den Ellenbogen, um ihn von der Tür fortzuziehen, hinter der wir gehört werden konnten. Da entzog er mir unwillig den Arm.

Andererseits hatte er mir zur ersten Begrüßung die Hand gereicht und tat es wieder, als ich mich in den Pessach- und Osterurlaub verabschiedete.

»Da war noch etwas, was ich mit Ihnen besprechen wollte, jetzt habe ich es vergessen.«

»Kommt bestimmt wieder, Professor. Aber ich hab was.«

»Nur zu!«

»Die Briefe nach Deutschland sind korrigiert und ausgedruckt. Wollen Sie sie unterzeichnen?«

Er steht auf, tritt an meinen Tisch. Ich drehe ihm die Blätter zu und reiche den Stift.

»Soll ich mit Meier oder Meir unterschreiben?«

»Wie Sie sich am wohlsten fühlen, Professor.«

»Dann Meir. Noch etwas?«

»Ja. Es geht um das Wörterbuch. Das deutschjüdische Wort »dirme« oder »dormen«, das stammt sicher nicht aus dem Hebräischen oder Mittelhochdeutschen. Das ist doch Spanisch, Portugiesisch oder Französisch »dormir«. Hatten Sie Französisch in der Schule, Professor?«

»Nein. Ich durfte in Deutschland nur sechs Jahre zur Schule gehen, bevor die Nationalsozialisten es verboten haben. Als ich mit 13 Jahren allein nach Palästina kam, da hatten wir Kinder schon so viel erlebt und mussten für uns selbst Verantwortung tragen, da hatten wir keine Lust mehr, uns am Unterricht zu beteiligen. Wir wohnten in einem Internat, gleichzeitig bauten wir einen Kibbuz auf. Ich hab nicht viel in der Schule gelernt, wissen Sie?«

»Wie sind Sie dann Wissenschaftler geworden?«

»Weil wir gebraucht wurden. Lieber hätte ich Geschichte studiert. Geschichtsbücher habe ich in den Arbeitspausen gelesen. Die fand ich die spannendsten Bücher von allen. Aber die anderen meinten: Das ist nichts für dich, Meir, du kannst nicht so gut schreiben, und wir brauchen unbedingt Agrarwissenschaftler.«

»Gut«, sage ich, »also ich kann Französisch …«

»Ich auch«, wirft er ein.

»Sagten Sie nicht gerade …?«

»Ich habe zwei Jahre in Frankreich gelebt.«

»Wie und wann das? Bitte erzählen Sie, wenn Ihnen noch Zeit bleibt.«

»Ich habe Zeit.«

»Sie müssen in die Knesset, Professor.«

»Wir haben 2000 Jahre auf die Knesset gewartet, die kann jetzt mal auf mich warten.« Das ist einer seiner Lieblingssprüche. Der andere lautet: »Drauf los!«

Er setzt sich wieder und kickt mit dem Schuh den Papierkorb. »Das zweite Mal habe ich in Grass gearbeitet. Das liegt an der Cote d'Azur. Dort wird Parfüm hergestellt. Dafür werden viele Blumen benötigt. Darum waren die Dortigen interessiert an unserer bodenlosen Agrarkultur. Wissen Sie, was das ist?«

»Ja, Sie haben es mir erklärt.«

Dennoch fährt er unbeirrt fort: »Nach der Staatsgründung Israels mussten wir uns fragen, wie wir alle unsere Menschen ernähren, wenn die Wüste derart fruchtlos ist. Wofür braucht man Boden, denken Sie?«

»Um die Pflanze zu ernähren«, antworte ich wie in der Schule.

»Genau. Kann ich der Pflanze die Mineralien auf andere Weise zufügen, brauche ich keine Erde mehr. Daran haben außer uns die Holländer und die Australier geforscht. Holland besteht zu weiten Teilen aus Sandboden. Da wächst das Grün nicht gut. Trotzdem besitzt das Land eine bedeutende Agrarwirtschaft. Ich bin außerdem mal von der DDR eingeladen worden.«

»Wieso? Dort gibt es fruchtbare Erde ohne Ende.«

»Stimmt, deswegen haben die Deutschen nicht an dem Thema gearbeitet. Aber in den Braunkohlegebieten hat man den Mutterboden entfernt. Und das auf so großen Flächen, dass die sich nicht von selbst wieder begrünen konnten. Obwohl man den Boden in die Gruben zurückgeschüttet hatte, wuchs darauf nichts, weil rundherum Bäume und Blumen zum Besamen fehlten. Auch war das Erdreich so um- und umgedreht, dass die fruchtbare Humusschicht nicht obenauf lag. Sie baten um Hilfe. Die fruchtlose, angeschüttete Erde musste durch Nährstoffe und Samen angereichert werden und los ging's.«

Der Papierkorb kippt um, Schwarz beugt sich vor, um ihn hinzustellen, diesmal von sich fern, damit er nicht erneut in Versuchung gerät, seine Füße mit ihm spielen zu lassen. Er stützt die Hände auf und will sich erheben.

»Und das erste Mal?«

»Bitte?«

»Sie sagten, sie lebten zweimal in Frankreich. Grass sei das zweite Mal gewesen.«

»Das erste Mal war ich ein Jahr lang in Paris und Marseille. In einem verruchten Viertel wohnte ich. Aber die Dame, bei der ich zur Miete lebte, war ordentlich. Sie mochte mich wohl auch ganz gut leiden, denn sie hätte es gern gesehen, wenn ich ihre Tochter geheiratet hätte. Und sie wollte mir immer Kaninchen braten und verstand nicht, dass ich beides ablehnte. Sie wusste nicht, wer ich war.«

»Warum mochten Sie das Kaninchen nicht essen? Das bereiten die Franzosen köstlich zu.«

»Es war nicht koscher.«

»Ach so, natürlich. Und die Tochter war nicht jüdisch.«

»Genau. Übrigens ist das Essen in Deutschland so sauber, das kann man bedenkenlos zu sich nehmen.«

»Aber Professor. Wenn es doch nicht koscher geschlachtet ist oder Fleisch und Milchprodukte gemischt werden.«

»Ja, das schreiben die aber auf die Verpackung. Und man muss das nicht so genau nehmen, wenn man wo eingeladen ist.«

»Verstehe. Wann waren Sie in Paris und Marseille?«

»Das war kurz nach dem Krieg und vor der Staatsgründung Israels. Ich war bei der illegalen Untergrundorganisation Hagana. Wir kauften von den Türken ein schrottreifes Schiff. Ein besseres konnten wir uns nicht leisten. Das machten wir seetüchtig und bauten es für den Personentransport um. Die Lebensumstände auf dem Schiff waren schlimm, und wir transportierten viel zu viele Menschen auf kleinem Raum, aber was sollten wir anderes tun? Wir durften die Überlebenden aus den KZs nicht in Frankreich, Deutschland, Österreich und Polen lassen, wo sie gedemütigt und gefoltert worden waren, wo sie fast verhungert waren, und wo man ihre Familienangehörigen ermordet hatte. Was wären wir für Menschen gewesen?«

»Wieso haben Sie das Schiff ausgerechnet von den Türken gekauft?«

»Das war eine Gelegenheit. Die Türken mochten die Engländer nicht besonders. Sie wissen ja, Palästina gehörte zum Osmanischen Reich, bis England und Frankreich es im Ersten Weltkrieg mit Hilfe des arabischen Aufstandes eroberten. Wie sind wir jetzt darauf gekommen?«

»Wie sind Sie nach Frankreich gekommen?«

»Eine meiner Aufgaben war es, die illegalen Schiffspassagen von Displaced Persons, also Staatenlosen, nach Palästina zu organisieren. Ein weiterer Auftrag bestand darin, in der Schweiz Pässe entgegenzunehmen, damit andere KZ-Überlebende auf legalen Schiffen nach Palästina gelangten. Die meisten Dokumente hatten Juden gehört. Sie befanden sich schon in Palästina und gaben ihre Pässe her oder die von verstorbenen Anverwandten. Die Papiere wurden nach Basel geschickt, wo ich sie den neuen Besitzern anpasste und gegen ein Bestechungsgeld in Paris stempeln ließ. Ich könnte Ihnen heute noch den Ort zeigen, wo ich die Blankopässe versteckt hielt. Falls das Haus noch steht. Früher gab es Zwischenetagen, wo die Toiletten untergebracht waren. Dort neben dem Spülkasten gab es eine Maueröffnung. Können Sie sich vorstellen, dass ich Pässe gefälscht habe?«

»Nein. Überhaupt nicht, Professor.«

»Das war auch nicht einfach für mich. Das war ja unrecht. Aber die Engländer wollten keine Juden mehr nach Palästina lassen. Das hatten sie mit den Arabern abgesprochen. Aber was wären wir für Menschen, wenn wir nicht geholfen hätten?«

»Was wäre Ihnen geschehen, wenn Sie ertappt worden wären, Professor?«

Er weicht der Frage aus: »Man hat mir eine Telefonnummer gegeben, die habe ich auswendig lernen müssen. Die sollte ich im allerschlimmsten Fall anrufen. Ich wusste nicht, wer sich melden würde.

In der Schweiz hat man mich festgenommen und gefragt, wo jemand aus Palästina mit einem kleinen Köfferchen hin will. Ich log, ich wollte wegen meiner entzündeten roten Augen einen bestimmten Arzt aufsuchen. Da sie mich beobachteten, bin ich zu einem hin. Der sagte: »Sie kommen aus Palästina zu mir in die Schweiz? In Palästina gibt es die besten Augenärzte. Dahin sind so viele immigriert. Hier stimmt was nicht.«

Meine Vermieterin zog mich aus der Affäre. Sie erklärte den Behörden, ich sei ein junger Mann auf Brautschau, schäme mich jedoch, das vor der Polizei zuzugeben.

In Frankreich verhaftete mich die Gendarmerie. Die glaubten, ich sei ein getarnter Nationalsozialist. Sie schauten unter meiner Achsel nach, ob eine Narbe auf eine ausgebrannte SS-Tätowierung hinwies. Als sie herausbrachten, dass ich wirklich Jude bin, wollten sie mich zwar nicht freilassen, fragten aber, ob sich jemand für mich einsetzen könnte. Da gab ich ihnen die Telefonnummer, wenn ich auch nicht wusste, was dann passierte. Sie ließen mich sofort frei.«

»Warum? Wer steckte hinter der Nummer?«, will ich wissen.

»Kennen Sie Leon Blum?«

»Du meine Güte! Leon Blum war mehrfach Premierminister von Frankreich zwischen 1936 und 1950. Er hat selbst in einem deutschen KZ gesessen. Was für eine Geschichte, Professor!«

»Es war nicht immer so aufregend und es geschahen furchtbare Dinge. Aber die verdrängt man ja gern.

Als ich mich mit 21 Jahren als Offizier der Hagana im Hafen von Marseille auf die Ocean Vigour stahl, während das Gefangenenschiff Kohlen aufnahm, sah ich zum ersten Mal das grausige Elend und begriff erst, was KZ bedeutete. Natürlich wusste ich davon, aber so wie es wirklich war, konnte ich es mir nicht vorstellen. Wie die aussahen, das lässt sich nicht beschreiben. Ich spreche von den Passagieren der Exodus. Sie kennen die Geschichte der Exodus?«

»War sie so wie in dem Film?«

Meir Schwarz lächelt und legt nachsichtig den Kopf zur Seite. »Nein. Ich habe Mr. Paul Newman einen Brief geschrieben und mich bedankt. Er hat viel für das Ansehen Israels und der illegalen Untergrundorganisation Hagana getan. Aber natürlich war alles ganz anders als im Film.«

»Bitte erzählen Sie, wenn die Zeit reicht.«

»Die President Warfield war ein Flussschiff für 200 Passagiere gewesen. Der niedrige Tiefgang erlaubte es, sich den Küsten so weit zu nähern, dass ihm kein Kriegsschiff folgen konnte. Das Schiff lag zum Verschrotten in Amerika. Ein Agent kaufte es für die Hagana auf. Doch bei der Überfahrt nach Europa havarierte es. Dadurch wurden die Briten auf das Schiff, das es offiziell nicht gab, aufmerksam. Sie versuchten, Honduras unter Druck zu setzen, um die Registrierung zurückzunehmen. Es fuhr nämlich unter der Flagge von Honduras. Aber bevor der Staat nachgab, war die Warfield wieder seetüchtig. Sie wurde repariert und in Europa umgebaut, sodass 4500 Menschen darauf passten. Jeder bekam eine Koje von 45 cm Breite und 60 cm Höhe. Um Marseille herum sammelten wir die Flüchtlinge und brachten sie auf das Schiff. Es wurde auf seinem gesamten Weg nach Palästina von Kriegsschiffen der Briten, aber auch von Beobachterschiffen begleitet. Unser Kommandant sorgte dafür, dass die Warfield nie unbeobachtet mit den Briten allein blieb. Vor der Küste Palästinas bereiteten sich die Passagiere auf einen Enterungsversuch der Engländer vor. Alle Decks vergitterten sie und legten Konservendosen, Flaschen und Kartoffeln als Wurfgeschosse bereit. Die Flagge Honduras wurde eingeholt und eine blauweiße Flagge mit dem Davidstern gehisst. Sie sollte später die israelische Staatsflagge werden. Schließlich bekam das Schiff einen neuen Namen: Exodus 1947. Das erinnerte an den Auszug der Israeliten aus Ägypten und die Befreiung von der Sklaverei.

Ein britischer Kapitän erhielt den Befehl, das Schiff zu rammen. Nachdem der Mann seine Autobiografie veröffentlicht hat, habe ich ihn als Hagana-Kommandant, quasi als Kollege, angesprochen und ihn gefragt, warum er das getan hat. Die Exodus befand sich nicht innerhalb der Dreimeilenzone.

Da antwortete er: »Wo die Dreimeilenzone ist, bestimme ich. Fakt ist jedoch, die Exodus lag innerhalb der 12-Meilenzone und somit im Mandatsgebiet Englands. Aber regen Sie sich nicht auf, Kommandant Schwarz, ich hatte den Befehl, die Exodus so zu rammen, dass sie sinken würde. Das wäre für ein Kriegsschiff gegen diese schrottreife, hoffnungslos überbeladene Nussschale ein Leichtes gewesen. Wie Sie wissen, ist sie nicht gesunken. Ich habe meine eigenen Befehlshaber belogen, wenn Sie so wollen. Es war Krieg, da darf man das.«

Nach vierstündigem Kampf forderte der Kapitän der Exodus seine Passagiere auf, aufzugeben, um nicht noch mehr Verletzte und Tote zu riskieren. Als das Flüchtlingsschiff in Haifa anlegte, verluden die Engländer die Flüchtlinge auf drei Gefangenenschiffe. Sie schickten sie zurück durch das Mittelmeer über Gibraltar rund um den Kontinent nach Hamburg ins Gefangenenlager. Die

Leute hatten die KZs überlebt. Sie waren illegal mit der schrottreifen Exodus nach Palästina gekommen. Sie waren von den Briten angegriffen worden. Jetzt wurden sie hinter Stacheldraht, bei schlimmen sanitären Verhältnissen, ohne genügend Nahrung und Wasser bei großer Hitze zurück nach Deutschland gebracht.

Das hat selbst die Engländer erschüttert. »Das schwimmende Auschwitz« nannte der britische Kommandant die drei Gefangenenschiffe. Darum haben sie uns die Essensverteilung überlassen und unseren Ärzten die Instrumente übergeben. Sie verstanden, dass die Menschen sich nach dem, was Nazi-Ärzte mit ihnen getan hatten, nicht von anderen als ihren eigenen Leuten behandeln lassen konnten. Aber einsperren mussten sie uns. In Drahtverhaue. Ab und an wurden wir mit kaltem Meerwasser abgespritzt. Können Sie sich vorstellen, wie man klebt, wenn man sich wochenlang nicht mit Süßwasser waschen kann?

Als wir Gibraltar erreichten, wollte ich die Kränksten und eine hochschwangere Frau von Bord gehen lassen. Die mochten uns aber nicht verlassen. Das Kind wurde auf hoher See geboren. Es starb zwei Stunden nach seiner Geburt. Wir packten es in eine kleine Kiste, die wir mit Stangen beschwerten. Plötzlich kehrte Stille ein. Nachdem wir wochenlang das Dröhnen der Motoren ununterbrochen gehört hatten, herrschte jetzt vollkommene Ruhe auf dem Ozean. Ich trug den kleinen Sarg an Deck. Da standen die britischen Soldaten in Habtachtstellung Spalier. Die Flaggen waren auf Halbmast gehisst. Als ich an die Reling trat, bemerkte ich, dass die anderen Gefangenenschiffe und die elf uns begleitenden Kriegsschiffe und Zerstörer einen Halbkreis um uns bildeten und gleichfalls die Maschinen abgeschaltet hatten. Hinter den Drahtverhauen schauten 4500 jüdische Gefangene zu, wie der Vater das Totengebet sprach und ich den kleinen Sarg dem Meer überließ. Stellen Sie sich das vor: 11 britische Kriegsschiffe, drei Gefangenenschiffe halten an, 4500 Gefangene und rund 2000 britische Soldaten erweisen einem jüdischen Kind, das gerade mal zwei Stunden gelebt hat, die letzte Ehre.«

»Als wir in Hamburg ankamen, weigerten wir uns, die Ocean Vigour zu verlassen. Wir würden nur in unserer neuen jüdischen Heimat von Bord gehen. Die Soldaten auf den drei Deportationsschiffen fühlten inzwischen mit uns und verweigerten den Befehl. Man musste andere kommen lassen. Die umzingelten uns, prügelten uns mit Schlagstöcken, Gummiknüppeln, Tränengas und Wasserschläuchen vom Schiff herunter. Sie sperrten uns in ein ehemaliges Internierungslager und versahen es mit Stacheldraht und Wachtürmen. Es war wie zuvor unter den Nationalsozialisten. Wir dachten, die ganze Welt ist gegen uns. Die Überlebenden waren verzweifelt und resignierten. Aber wir, die nicht in Deutschland und in den KZs gewesen waren, wir waren noch stark und willens zu kämpfen. Und das taten wir. Wenn es auch illegal war. Es war richtig.«

Ich schaue nach oben zu der Klimaanlage und den Neonröhren, damit die kleine Feuchtigkeit nicht über mein unteres Lid schwappt. Wieso glaubt er, sich verteidigen zu müssen? – Weil er so deutsch ist, oder? Oder, weil er eine Rabbiner-Ausbildung hat? Er ringt oft mit moralischen Fragen, bei denen manch einer nicht viel nachdächte, bevor er handelte. Er eruiert die Grenzen der Gebote. Angesichts der Erschießung Osama Bin Ladens fragt er mich: »Wenn Sie so jemandem begegneten, würden Sie ihn töten, wenn Sie die Chance dazu hätten?«

Die Frage trifft mich noch vor dem ersten Bürokaffee, wie kann ich zu dieser Zeit die letzten Fragen des Lebens entscheiden?

Schwarz sieht, dass ich überfordert bin und erzählt: »Ich war 10 Jahre alt, mein Bruder 16, und es war 1936, als wir Hitler hätten ermorden können. Juden durften keine Wochenendausflüge mehr veranstalten, und so gingen wir beiden Jungen nach der Synagoge nur etwas in unserer Heimatstadt spazieren.

Wenn Hitler in Nürnberg übernachtete, wohnte er im Hotel »Deutscher Hof«. Als wir dort um die Ecke bogen, fuhr ein großer, offener Mercedes im Abstand von einem Meter an uns vorbei. Hitler saß hinten allein, vorn nur der Chauffeur. Mein Bruder Josef sagte: »Das ist Hitler – heb die Hand hoch!«

Hätten mein Bruder und ich einen Revolver gehabt, gehoben und geschossen, wäre das eine gute Tat gewesen?«

»Sie hätten sechs Millionen Menschen vor den KZs gerettet und noch einmal 50 Millionen vor dem Krieg. – Und das seelische Leiden zweier Generationen in Deutschland und in Israel verhindert«, antworte ich.

»Vielleicht wäre ein noch schlimmerer Hitler nachgekommen?«, wendet er ein.

»Schlimmer geht nicht.«

»Aber es wären wieder die Juden gewesen. Sogar Kinderjuden! Es hätte einen Grund für ein neues Pogrom gegeben.«

»Ja, ich weiß nicht, Professor.«

Er langt mit dem Fuß nach dem Papierkorb, kann ihn jedoch nicht erreichen. Ich bin versucht, ihn in seiner Reichweite zu platzieren.

»Letztendlich haben wir den Briten die Staatsgründung zu verdanken«, sagt er zu meiner Überraschung. »Wenn die sich nicht so unmenschlich verhalten hätten, die eben aus deutschen KZs befreiten Juden von Neuem in Lager zu sperren, und wäre die Welt nicht so erschüttert über die Affäre um die Exodus gewesen, hätten wir bei den Vereinten Nationen keine Mehrheit bekommen.«

»Wissen Sie, Professor, der Aufklärer Friedrich Schiller hat einmal gesagt: Nicht Gott, nicht der König und nicht die bürgerlichen Richter stellen die Gerechtigkeit her. Doch die Geschichte tut es am Ende.«

Schwarz entgegnet: »Aber an Gott übten die Menschen das Denken. Auch das Nachdenken über Gerechtigkeit.«

Ich kontere: »Das hat ebenfalls einer der Aufklärer geschrieben.«

»Tatsächlich? Kann sein. Ich sagte ja, ich bin nicht lange zur Schule gegangen.« Meir Schwarz lacht und verschluckt sich, wie so oft beim Lachen. Und wie so oft treten ihm dabei Tränen in die wasserblauen Augen. Er zieht sein Opataschentuch aus der beuteligen Anzughose.

»Aber wissen Sie, wenn die Amerikaner das Mandat über Palästina besessen hätten, dann hätten wir gar nicht erst überlebt. Die Amerikaner sind wesentlich aggressiver als die Engländer.«

Ich starre ihn schon wieder überrascht an.

»Also wie gesagt, erschrecken Sie nicht, wenn es Bombenalarm gibt. Es ist nur Schoah-Gedenktag.« Er erhebt sich, greift nach der lockeren Türklinke und sagt: »Insgeheim wünsche ich mir ja, dass heute in Deutschland die Kirchenglocken läuten würden.«

Nachdem Meir Schwarz gegangen ist, suche ich in meiner Handtasche nach den billigen Papiertaschentüchern aus Israel, die ich statt der aufwendig verpackten aus Europa gekauft habe. Wie gut, im eigenen Büro zu sitzen, wenn man einen Job hat, der einen in solche Situationen bringt und solche Geschichten hören lässt. Ich schaue aus dem Fenster. Es blickt in einen ockerfarbenen Schacht. In ihm sammelt sich der Staub der Stadt und der Sand der nahen Wüste. Das Licht von Eretz Israel fällt hinein. Die Sonne, die die Passagiere aus Deutschland auf dem Gefangenenschiff quälte. Die Sonne, die Sinnbild für das Gelobte Land ist. Die Wärmespenderin, die von den Solaranlagen auf jedem Dach im modernen jüdischen Staat aufgesogen wird und heißes Wasser bereitet. Die Kraft, die bald Sauerstoff und Wasserstoff in diesem Land spalten wird, um alle Fahrzeuge unabhängig von den internationalen Ölkonzernen zu machen. Denn die Einwohner dieses Landes glauben nicht an die Solidarität der Welt um sie herum.

Wie könnte ich meine christlichen Landsleute dazu bewegen, am Schoah-Gedenktag die Kirchenglocken läuten zu lassen? Von Meir Schwarz habe ich gelernt, wie viel man als Bürger erreichen kann, wenn man nach Unterstützern einer Idee sucht und sie findet. Im Moment fällt mir nichts ein.
Ich rolle herum, öffne den Büroschrank und ziehe das Buch »Der Synagogensucher« hervor. Die Autorin hat geschickt Schwarz' Lebensgeschichte mit der deutsch-israelischen Geschichte verwoben. Das Buch bestätigt meine Vermutung: Der Professor besitzt keine Familie als die, die er in Israel gründete: seine Frau, die sieben Kinder, Enkel und Urenkel..
Seinen Vater ermordeten Nationalsozialisten auf dem Bahnhof von Rottenburg bei Würzburg. Die offizielle Todesursache lautete Schlaganfall. Der Sarg traf verplombt im Elternhaus ein und durfte nicht geöffnet werden. Der Onkel hatte aber zuvor die rituelle Waschung vornehmen können. Er verriet seiner Tochter die Wahrheit und trug ihr auf, sie Werner Meir zu sagen, wenn er groß sei. 53 Jahre danach tut sie es auf ihrem Sterbebett. Schwarz reist nach Rottenburg und findet einen der Mörder. Der berichtet ausführlich, wie sie den Vater ermordeten. Sein Sohn will das weder der Autorin noch mir wiedergeben. Der Mörder setzt hinzu: »Eine Woche später haben wir noch einen Juden fertiggemacht.«
Die Tochter des Mörders wirft Schwarz aus dem Haus: »Das ist zu anstrengend für meinen Vater. Bitte gehen Sie sofort.«
Schwarz geht zum Staatsanwalt von Würzburg. Der antwortet ihm: »Das ist verjährt.«

1933 bekommt Vater Schwarz einen Wink, dass die Nationalsozialisten zu ihm kommen werden. Er schickt seine Frau mit den beiden Söhnen übers Wochenende zum Onkel und schließt sich im Arbeitszimmer ein. Ein Nationalsozialist zerschlägt das Glas der Tür. Als er hineingreift, um die Klinke zu drücken, verletzt er sich an den Scherben. Blut spritzt gegen die Wand.

Dem kleinen Werner Meir wird man sagen, das sei Saft. Das Kind glaubt das nicht, versteht aber, dass es nicht begreifen soll, und fragt nicht nach.

Die Eindringlinge befehlen Herrn Schwarz, seinen Degen an die Nationalsozialisten zu übergeben. Der antwortet: »Ein deutscher Offizier gibt seinen Degen nicht her«. Da ihm nichts anderes übrig bleibt, steigt er auf den Schreibtisch, nimmt die Waffe von der Wand, zerbricht sie über dem Knie und wirft sie den Nazi-Schergen vor die Füße.

Nach seinem Tod verweigert man seiner Frau im Krankenhaus die Medikamente oder tötet sie dort auf andere Weise. Der große Bruder Josef darf im Alter von 17 Jahren nicht ausreisen, da die Nationalsozialisten fürchten, er könnte in irgendeiner Armee der Welt gegen sie kämpfen. Josef sorgt dafür, dass Werner Meir mit dem Kindertransport nach Palästina kommt, bevor man ihn in Auschwitz ermordet.

Mit dem Buch »Der Synagogensucher« werde ich mein Gepäck nicht belasten. Stattdessen stopfe ich es voll mit dem Guten, das aus dem Bösen erwachsen ist, voll mit positiver Zukunft: Für das jüdischdeutsche Wörterbuch suche ich nach der Fertigstellung einen Verlag. In den Koffer packe ich Paradiesäpfel, das Wahrzeichen Israels. Immer wenn ich sie in die Hände nehme, werde ich mich meiner israelischen Arbeitskollegen erinnern. Und am Schoah-Gedenktag warte ich auf das Läuten der Kirchenglocken.

Ein Nachmittag im Leben einer Freiwilligen
von *Aktion Sühnezeichen Friedensdienste*
oder: Ester Golan

Weil ich nicht gern telefoniere, sende ich Ester eine E-Mail, um zu fragen, wann ich sie besuchen kann. Sie ruft zurück: »Schalom, Anja, wann du willst, nur Mittwoch halte ich einen Vortrag vor Schülern und Donnerstag vor Soldaten.«

»Passt es dir heute?«

»Natürlich. Kommst du nach der Arbeit?«

»Ja, gegen vier.«

»Ich freu mich auf dich.«

Sie wohnt ein paar Straßen hinter unserem Bürogebäude, das einst das zentrale Rabbinat von Jerusalem war.

»Lehitraot Mosche«, verabschiede ich mich vom fernsehenden Türwächter. Zwei Tage lang stand ein junger Soldat mit einer Uzi in der Hand hinter Mosche, um ihn in seinem Amt zu unterstützen. Das waren die Tage nach dem Bombenattentat am Busbahnhof und vor dem Jerusalem-Marathon. Nach dem Lauf war der Waffenträger wieder verschwunden.

»Lehitraot Anja.«

Ich trete hinaus in die heiße, gleißende Sonne auf dem weißen Gehsteig. Ein paar Sekunden bleibe ich stehen, um den Körper an den jähen Temperaturwechsel zu gewöhnen. Dazu hat mich Ester ermahnt und gefragt: »Trinkst du auch immer genug?«

Die Autoinsassen im Stau sehen mir nach, weil sie nichts anderes zu tun haben und weil menschliche wie tierische Augen Bewegungen folgen. Außerdem bin ich die und das Einzige, was sich auf der King George Street regt. Ich bewege mich von Olivenbaum zu Olivenbaum, um die kleinen runden Schatten auszunutzen. Danach drücke ich mich an der weißen Mauer vor der Zentrale der zionistischen Organisation entlang. An der Ecke biege ich ein, strecke mich und atme auf, da der Autolärm verklingt und von jetzt an die Bäume dichter stehen. Bei ihrer Aufgabe, Sauerstoff und Kühle zu schenken, werden sie unterstützt von exotischen Vorgärten. Bananenstauden, Maulbeeren, Hibiskus, Geranien ragen über Zäune.

Eine junge dicke Wachfrau frisiert sich die blonden Haare, indem sie fantasievoll lackierte, von Glitzersteinen besetzte Fingernägel durch die Strähnen eggt. Ihr hellblaues Uniformhemd spannt sich, die Firmenlogos stehen ab, ober- und unterhalb des Pistolengürtels drängt Fleisch gegen Stoff. Der Wachmann vor der Post schaut ihr zu. Sein langer Bart verdeckt die Hemdbrust, die Strickkippa passt farblich zur Uniform und kontrastiert zum rotweißen Briefmarkenautomaten. In seinem kleinen blauen Plastikcontainer schneidet der Schuster Absatzsohlen. Es duftet nach Leim und Leder. Neben dem Container lassen sich zerknitterte Pumps auf dem Spanner liften.

Im gelb-roten Plastikcontainer der Lotto-Gesellschaft steckt eine Frau. Sie tut nichts, als auf Geld zu warten. Was für ein Job! Wie bei der Bank.

Die 30-Jährige mit den meterlangen schwarzen Haaren auf dem T-Shirt grüße ich. Sie führt den Laden für Installationsbedarf. Sie hat mir einen Badewannenstöpsel verkauft und ihn umgetauscht, als er nicht passte.

Dem vom Bodybuilding geformten Besitzer des Cafés winke ich über seine weißen, zierlichen Eisenstühle und Tische zu. Der Glatzkopf kochte im Winter köstliche, gesunde, heiße Suppe. Ich reihte mich mittags in die Schlange ein. Sie ragte bis in den Regen hinaus. Bei sommerlicher Hitze stellt er auf Baguettes um. Die Kunden wählen ihren Belag aus Hummus, Huhn, Gurke, eingelegtem Gemüse, weißem Käse, gelbem Käse, Paprika, Roastbeef, Salat, Sellerie, Sardelle, Tomate, Thunfisch, Avocado, Auberginenmus, gebratenen Auberginen und Zucchini, Zwiebel – das dauert mir zu lange.

Ich spreche am Falafeltresen vor. Die traditionelle Küche wird nicht so gut besucht.

»Im Pitabrot?«

»Ja, bitte.«

»Was drin?«

»Egal.«

»Hummus?«

»Ja.«

»Scharfe Soße?«

»Ja.«

»Gebratene Aubergine?«

»Ja.«

»Salat?«

»Ja.«

»Tomate?«

»Ja.«

»Zwiebel.«

»Ja.«

»Gurke?«

»Bitte.«

»Frites?«

»Frites?«

»Ja.«

»Na gut, ja. Falls es noch passt. Aber dann ist Schluss. Be sof.«

Der Falafelverkäufer lacht. Hoffentlich zieht er seinen Bart aus dem Pitabrot, bevor er zuklappt.

Zuklappen funktioniert nicht mehr. Das ganze Essen wird auf die saubere Straße stürzen. Direkt vors Altenheim. Ich schäme mich jetzt schon. Alle Passanten äugen mir nach, um zu ergründen, ob ich den Mund derart weit öffnen kann, um abzubeißen, oder ob die Oberlippe in die weiße Soße stippt und die Mundwinkel die Tomate durchlassen. Die Tomate tröpfelt an meiner Handtasche entlang auf den Gehsteig, geschickt umgangen von einem schwarzen Lederschuh und einem Turnschuh. Die Männer unterbrechen ihr Gespräch in amerikanischen Worten nicht, während sie eine Ellipse um mich beschreiten. Was nicht im Ohr des anderen ankommt, fällt in meines. Aber meines tut nichts, als sich heben und senken, als ob es beim Kauen helfen will.

Schon platscht die Gurke auf meinen Schuh. Ich setze mich auf eine Bank und heuchle, ich äße nur nebenbei, beobachte vorzugsweise die Passanten. Zizijot, Schaufäden, die nach dem 4. Buch Mose ans Einhalten der Gebote erinnern sollen, schwingen vorbei und verteilen den Duft von Davidoff.

Weiße, weiß-blaue und schwarze Kippot werden gedankenverloren gelüftet, um konzentriert schuftenden Hirnen Kühlung zu gewähren.

Weiße Gebetsschale und schwarze Rockschöße bauschen im warmen Wind, beschwingen die Schritte. Schuhe hüpfen von der gelben Bordsteinkante auf den schwarzen Asphalt und zurück. Im Geschäft oder in der Jeschiwa, der

Thoraschule, muss es freudig zugegangen sein. – Nein, das stimmt nicht. Ein junger Mann zeigt, was es ist, das ihn so lebensfroh macht: Lange Schläfenlocken schleudern herum, faltenlose Lider senken sich, das helle Gesicht lehnt sich in den Blütenteppich, der zur freien, unentgeltlichen Nutzung über den Zaun hängt. Als ich die Falafel aus der Nase bekomme, rieche ich es ebenfalls. Ein Hauch Ginster, ein Strom Lavendel, ein Luftzug Jasmin. Köstlicher Nachtisch. Ich schaue auf die Uhr, noch Zeit, lehne mich auf der warmen Bank zurück.

Eine Autohupe zerstört alles. Sogleich die Entgegnung von der anderen Seite der Kreuzung. Daraufhin der Bus. Er zwängt sich durch die Gassen, lädt Hitze, Gestank und Schüler ab. Die essen Cornflakes aus der Plastiktüte, drücken Fingerabdrücke aus Fett auf ihre iPods, um sich zu identifizieren.

Ein weißlockiger, weißbärtiger Alter in schwarzem Frack zieht sich eine Treppe hinauf. Um ihm zu folgen, mischt ein Pulk junger Männer, gleich gekleidet wie ihr Lehrer, schläfenlockenschwingend die bunte Schülergruppe auf, bis sich die Schwärme wieder sortiert haben und ihrer Wege gehen.

Über dieses Viertel sagten die Leute in den 50er- und 60er-Jahren, hier lebten mehr deutschsprachige Ärzte, Professoren und Anwälte als in Köln. Das hat sich geändert, seit unsere ehemaligen Landsleute in Altenheimen wohnen oder verstorben sind. Wenn ich heute Ester besuche, schlendern amerikanisch sprechende Talmudschüler, Collegeschülerinnen, Damen aus New York und deren Söhne im Gespräch an mir vorbei.

Ester mag die Leute nicht: »Wenn diese Talmudschüler erst mal aus der Reichweite ihrer Mütter in Amerika gelangen, trinken sie. Außerdem verehren sie ihre Rabbiner über Gebühr. Das hat es in Deutschland und Europa nicht gegeben«, meint sie. »Rabbiner waren Ratgeber, keine Führer. Über Politik haben sie höchstens geredet, wenn man sie gefragt hat. Das war Privatsache. Heute mischen sie sich ein und die Jugend folgt ihnen, anstatt eigenständig zu denken.

Ich kann meine Thora selbstständig lesen und interpretieren. Das war doch stets der Unterschied zu den Moslems, die ihren Koran auswendig lernen, aber nicht drüber nachdenken, und den Christen, die blindlings taten, was der Pastor am Sonntag in der Kirche gepredigt hat. Ich hab's doch selbst gehört und erlebt in Glogau und Breslau. Und jetzt werden die hier genauso!«

Die hölzernen Schlagläden an Esters Arbeitszimmer stehen asymmetrisch von der Hauswand ab. Sie hat sie schwungvoll aufgestoßen, nachdem die Sonne um die Ecke gewandert war, besitzt jedoch nicht mehr die Kraft, sie vollständig zu öffnen. Der winzige Vorgarten ist verwildert, seit die alte Dame auf den Gehwagen angewiesen ist. Ihre Kinder und Enkel haben zur Genüge im Kibbuz Ramat Rachel am Ende der Stadt zu tun. Die Tochter arbeitet in der Administration der Landwirtschaft und des kibbuzeigenen Hotels, der Schwiegersohn betreut das Schwimmbad.

Ich betrete einen dunklen, kühlen Flur und starre blind gegen eine Haustür, bis sich die Augen gewöhnt haben. Das Erste, was sie wahrnehmen, sind Farben. Weiße, blaue, rote, gelbe Stoffquadrate, darin fremde Schriftzeichen. Die Quadrate sind zu einer Kette gebunden und vor die Wohnungstür gehängt. Die buddhistischen Gebetsfahnen symbolisieren die Elemente der Erde, des Wassers, der Luft, des Feuers. Am Türrahmen ist eine Mesusa angeschraubt, wie an allen anderen Türen, hinter denen Juden wohnen: Ein längliches, schräg angebrachtes Gefäß, aus Plastik, Holz, Ton, Stein, Stahl oder aus Silber. Es darf kunstlos oder reich verziert sein. Oft ist der Buchstabe »schin« darauf abgebildet. Er steht für »schaddaj«, »Allmächtiger«. Die Schriftkapsel beinhaltet ein Pergament. Ein eigens ausgebildeter Schreiber beschriftet es mithilfe eines nicht-metallischen Gerätes, ein Federkiel wird benutzt, und mit einer metallfreien Tinte. Auf eine Seite setzt er den Begriff »schaddaj«, auf die andere das zentrale Glaubensbekenntnis des Monotheismus, wie es in der Thora im 5. Buch Moses zu lesen ist:
»Höre Israel, der Ewige unser Gott, ist der Ewige der einzige Eine! Und liebe den Ewigen, deinen Gott, mit deinem ganzen Herzen und mit deiner ganzen Seele (...). Es seien diese Worte, die ich dir heute gebiete, rede davon, wenn du sitzt in deinem Haus und wenn du gehst auf den Weg, wenn du dich schlafen legst und wenn du aufstehst. Du sollst sie als Zeichen um dein Handgelenk binden. Sie sollen als Merkzeichen auf deiner Stirn sein. Schreibe sie an die Pfosten deines Hauses und an deine Tore!«
Das Bekenntnis ist zugleich Teil des Morgen- und des Abendgebets. Es heißt »Schma Jisrael«, »Höre Israel«.
Wer orthodoxe Juden beim Beten beobachtet, sieht die schwarzen Gebetsriemen, die sie sich um Arm und Kopf binden. An ihnen sind zwei Würfel be-

festigt. Der eine liegt auf der Stirn, der andere am Handgelenk. Die schwarzen Würfel enthalten gleichfalls das Glaubensbekenntnis.

Beim Eintritt in die Wohnung legen die Bewohner und Gäste die Fingerspitzen auf die Mesusa und küssen ihre Finger.

Ich trete neben die Schriftkapsel an der Nachbartür und klingle. Meine Augen senken sich zu der kleinen Frau. Sie schiebt den Gehwagen beiseite, um mich zu umarmen. Ich muss mich bücken, sie reckt sich zu meinen Schultern. »Shalom, Ester«, grüße ich in die weißen Haare. Im Zug meines Atems kitzeln sie meine Nase. »Shalom, Anja, schön, dass du gekommen bist.«

»Sag mal, ist deine Nachbarin jüdisch oder buddhistisch?«

»Ach, das weiß sie noch nicht so genau. Komm herein.«

»Sie ist jung, oder? Sie trägt sicher Hippiekleidung.«

»Das stimmt. Setz dich. Willst du Tee?«

»Gern.«

»Wie lange gezogen?«

»Kurz«, erwidere ich, seitdem ich weiß, dass sie das Teesäckchen ein zweites Mal aufgießt. Auch mit der Entschädigungssumme aus Deutschland ist ihre Rente nicht hoch. Der Wohnung sieht man das nicht an, weil sie hell ist, einen hellen Fußboden aus gepresstem Marmorstaub besitzt und eine winzige Terrasse in einem Hof voller Pflanzen. Aber im Winter haben wir, die Freiwilligen, die zu einem gemeinsamen Antrittsbesuch gekommen waren, gefroren, obwohl Ester einen zusätzlichen Heizkörper herangeschoben und Kissen und Wolldecken auf den Stühlen verteilt hatte. Durch die weißen Fensterrahmen zog es.

Das Grün und die Helle finden sich in ihren Gemälden wieder. Kein Besucher glaubt, dass die kleine alte Frau sie gemalt hat. Warum assoziieren wir geistige mit körperlicher Größe? Und Jugend mit Schaffenskraft? Was für ein Unsinn!

Die Bilder zeigen vor allem Porträts ihrer Familie, abgemalt und interpretiert von Fotos, da keiner der Porträtierten den Holocaust überlebt hat. Einige Wenige konnte Ester aus der Erinnerung malen.

Andere Leinwände stellen weite leere Landschaften dar, den Negev, den Golan, die zerklüfteten Felsen zwischen Jerusalem und Totem Meer. Sie wecken Sehnsucht in mir, ihre Schönheit lässt mich strahlen, ich sehe auch

Trauer in ihnen, die tut jedoch nicht weh. Sie verwandelt sich in die Erhabenheit der Natur.

Ich gehe um den niedrigen Wohnzimmertisch herum, darauf bedacht die Tischdecke nicht zu verschieben. Ein zweites weißes Tischtuch liegt auf dem runden, dunklen, lackierten Esstisch in der anderen Zimmerecke. Um beide gruppieren sich Stühle, aus Holz, aus Plastik, auf allen liegen flache Kissen. Die Möbel stehen dicht beieinander. Im Arbeitszimmer nutzt Ester den Platz geschickt, indem sie die Bücherregale angeordnet hat wie in einer Bibliothek. Sie ragen in Reihen in den Raum, statt nur an der Wand entlang zu stehen. Dennoch passen ein Gästesofa und ein Schreibtisch, beladen mit Papieren, Dias, Dokumenten, Büchern und einem Computer hinein. Ester ist dabei, auszusortieren, weil sie mit ihrem Ableben rechnet und den Kindern die Arbeit ersparen will.

Ich setze mich, die Helligkeit des Fensters zieht meine Augen an, bis Ester mit dem Tee aus der Kochnische kommt. Auf der Fensterbank steht ein Granatapfel aus glasiertem Ton, ein Symbol für Israel und ein Mitbringsel, das in jedem Laden auf der Touristenmeile ausgestellt ist. Auf seinen roten Backen liegt ein dünner Staubfilm. Desgleichen auf dem kleinen siebenarmigen Leuchter. Neben ihm lehnt ein Bilderrahmen. Er enthält eine militärische Auszeichnung für Ester Golan. Ich kann sie nicht übersetzen. Den Beistelltisch bedeckt ein Häkeldeckchen, darauf stapeln sich ihre Bücher. Eines ist im Econ Verlag erschienen und versammelt die Briefe ihrer in der Nazizeit zersprengten Familie. Sie stellen den Versuch dar, die Eltern, Kinder und Geschwister über nationale Grenzen und Grenzen der Vorstellungskraft hinweg zusammenzuhalten, dem geliebten Menschen zu helfen, solange es geht und soweit es möglich ist, am gegenseitigen Leben teilzunehmen, solange es noch andauert. Ein Manuskript blieb unveröffentlicht. Es handelt sich um die Autobiografie von Ester Golan. Ein weiteres fand ebenfalls keinen Verleger. Es erzählt die Lebensgeschichten und Taten von »tüchtigen Frauen« in ihrer Familie.

»Wir können uns ruhig unterhalten. Das ist das Gute an der winzigen Wohnung, in der Kochen und Wohnen beisammen sind.«
»Was gibt es Neues von deinen Kindern, Ester?«

»Der Kibbuz hat ein neues Projekt.«

»Klasse. Was denn für eines?«

»Zu Ehren meines Enkels haben meine Tochter und meine anderen Enkel einen Streichelzoo gebaut. Du weißt, mein Enkel ist während seines regulären Militärdienstes bei einem Einsatz im letzten Libanonkrieg getötet worden.«

»Und du hast für ihn einen Baum gepflanzt.«

»Ja. Was man so tut, wenn nichts zu machen ist.«

»Bist du in der Zeit nach seinem Tod zu deiner interreligiösen Frauengruppe gegangen?«

»Die sind zu mir gekommen. Das ist unter den Mitgliedern üblich. Falls ein Angehöriger im jüdisch-arabischen Konflikt stirbt oder wenn einer verletzt oder gedemütigt wird, kommt jemand von den anderen Religionen, um sein Beileid auszusprechen, zu trösten oder Notwendiges zu tun. Mich besuchten eine Christin und eine Muslimin.«

Als Ester davon erzählt, kann ich mir nicht vorstellen, dass ich einer Person, die zur Gruppe der Täter gehört, die Türe öffnen könnte. »Wie bist du damit umgegangen, als sie bei dir klingelten?« Die alte Dame antwortet: »Als ich die Augen sah, und sah, dass ihr Mitleid wahrhaftig war, bat ich sie herein.«

Ähnlich erging es einer Muslimin, nachdem jüdische Soldaten sie gedemütigt hatten: »Ich wollte erst nicht mehr zu den Treffen gehen. Aber nach ein paar Wochen bin ich doch wieder gegangen. Die Gruppe ist das Einzige, was mich noch in dieser Stadt leben lässt. Ohne die Frauen wäre ich längst fortgezogen.«

»Was macht ihr in der Gruppe, wenn ihr euch nicht besuchen müsst, Ester?«

»Uns gegenseitig unsere Religionen erklären. Wir versuchen, das Thema Politik zu vermeiden.«

»Stelle ich mir schwierig vor. Die Politik ist doch die Voraussetzung für eure Lebensbedingungen.«

»Ja, es ist schwierig. Aber wir wissen auch, dass diese Politik von Männern gemacht wird und nicht von uns. Frauen können leichter zueinander finden und unter sich Frieden schließen, weil wir bald über die Notwendigkeiten des alltäglichen Lebens sprechen: Kinder, Küche, Kirche, wenn du so willst. Wenn du dafür verantwortlich bist, deine Zeit und Kraft dahinein stecken musst, redest du natürlich darüber, wenn du Gleichgesinnte um dich hast. Da ist kein Platz für Ideologien und keine Energie für Fanatismus.«

Sie stellt den Tee vor mich hin und setzt sich in den Sessel. Die Füße in Kunstfell gefütterten Lederpantoffeln stellt sie auf eine Fußbank.

»Also erklärt ihr euch eure vielen unterschiedlichen religiösen Feiertage, entdeckt denselben Ursprung und Urvater Abraham aller drei Religionen und tauscht koschere gegen reine Rezepte aus«, provoziere ich Ester.

»Ich gehöre noch einer anderen interreligiösen Gruppe an. Da sind auch Männer drin. Wenn es die Finanzen erlauben, reisen wir zu Orten unserer gemeinsamen, schmerzlichen Geschichte. Wir besuchen zum Beispiel Dörfer, aus denen arabische Einwohner von uns Juden vertrieben wurden.«

»Da müssen heftige Emotionen ausbrechen.«

»Ja. Aber weil man sich persönlich kennt, eskalieren sie nicht. Weißt du, der Schlüssel zur Konfliktlösung liegt darin, das Leid des Anderen anzuerkennen. Das sagt sich so leicht. An mir siehst du ja, wie ich unablässig um die Anerkennung meines Leids ringe. Bis ich die nicht immer wieder bekommen habe, mag ich das Leid der Palästinenser nicht groß sehen. Es ist schrecklich.«

Nach einem Besuch in Auschwitz wurde ihr Mitgefühl zuteil wie nie zuvor. Eine Muslimin der Gruppe sagt: »Jetzt verstehe ich erst, warum die Juden so misstrauisch sind, dass es pathologisch wirkt. Wenn man bedenkt, dass kein Land der Welt sie aufgenommen hat, als sie versuchten, dem Morden zu entgehen! Nach all dem können die ja gar nicht anders sein.«

Ester ist eine schwierige Frau. Für Männer ihrer Generation zu stark. So vernünftig und logisch denkend, dass ihr zweiter Gatte sagen musste: »Du bist dumm und hässlich«, um seine männliche Überlegenheit zu schützen. Ihren ersten Mann lernte sie im Ausbildungslager der religiösen Zionisten in Schottland kennen. Sie war 17 und seit dem 12. Lebensjahr in der Ausbildungsstätte. Ihre Tante Recha Freier hatte die Jugendorganisation gegründet und das Kind aufgenommen, als die Familie erkannte, dass sie nicht gemeinsam der deutschen Heimat entfliehen konnte. Dem Vater verweigerte jedes Land die Einreise mit der Begründung, er sei zu alt für harte Arbeit. Die Alternative zu Jugend und Stärke wäre Geld gewesen. Aber auch das besaß

Herr Feilchenfeld nicht, seit er seinen Beruf nicht mehr ausüben durfte und allen Besitz an den deutschen Staat abzugeben hatte.

Die Feilchenfelds gaben ihre beiden Töchter in den USA zur Adoption frei. Die Mädchen entsprachen jedoch nicht dem derzeitigen Schönheitsideal. Daraufhin schickten die Eltern sie mit dem Kindertransport nach England. Die Älteste bekam eine Stelle als Hausmädchen. Ursula, wie Ester als Kind hieß, reiste allein weiter nach Schottland. Dort hatten die Nachkommen Lord Balfours den Landsitz Whittingehame der Jugend-Aliya zu Verfügung gestellt. Die Organisation rettete Tausenden von jüdischen Kindern und Jugendlichen aus dem Deutschen Reich das Leben.

Fünf Jahre wartete Ursula darauf, dabei zu sein, wenn die nächste Gruppe in den Nahen Osten versandt wurde. Jeweils die Kräftigsten wurden ausgewählt, um die Besiedlung vorzubereiten und die Landwirtschaft auszubauen. Ursula war zu mager. Bis zum Ende des Krieges musste sie warten.

»Für Amerika zu hässlich, für Palästina zu schwach.« Das nagt bis heute an ihr.

Als Ursula im Gelobten Land anlangte, war es Matsch, in dem die Gummistiefel steckenblieben und in dem sie ihr erstes Kind gebar. Bei der Geburt schrie sie nach der Mutter. Der Vater war im Arbeitslager gestorben, das war ihr bekannt. Nach seinem Tod war die Mutter nach Auschwitz deportiert worden. Auch das hatte Ursula erfahren. Aber sie wusste nicht, was Auschwitz bedeutete.

Ursula legte ihren deutschen Namen ab und gab sich selbst und dem Baby einen hebräischen – wie die Meisten es taten.

Die Schönheit der neuen Heimat entdeckte Ester erst nach der Trennung von ihrem Mann. Er hatte während ihrer Ehe auch jene Entscheidungen, die sie betrafen, allein getroffen. Jetzt musste sie auf eigenen Füßen stehen. Um versorgt zu sein und sich das Geld für eine Ausbildung zu verdienen, leistete sie ein Jahr lang Militärdienst. In dieser Zeit eroberte die israelische Armee das Gebiet am Toten Meer und die Negevwüste. Als Ester die bizarren Felsformationen sah, von der Sonne rosa gefärbt, stockte ihr der Atem und ein nie gekanntes Gefühl der Freiheit und des Glücks durchflutete sie. Das sollte sie nicht mehr verlieren.

Beim frisch eroberten Zugang zum Roten Meer, wo heute der Badeort Eilat liegt, überredete sie einen Piloten, sie in seiner Maschine mit nach Jerusalem zu nehmen. Der Anblick der Wüste und der Berge ließ sie weinen.

Immer wenn es die viele Arbeit und die Sorge um die Kinder zuließen, zog es sie in weite, wilde Landschaften, zurück in den Negev oder auf die bunt blühende Ebene der Golanhöhen. Das verlieh ihr Kraft und Begeisterung.

Ihre zweite Antriebskraft war die Sehnsucht nach den Eltern und deren Anerkennung. »Bei allem, was ich tat, dachte ich ständig, ob es meinen Eltern gefiele. So habe ich den Haushalt geführt und die Kinder großgezogen. Dass ich die Ausbildung als Fremdenführerin und das Soziologiestudium gewählt habe, hängt bestimmt mit den Interessen meines Vaters zusammen. – Dabei ecke ich natürlich an. Meine Männer sind unter ganz anderen Bedingungen großgeworden. In ihren Elternhäusern ging es weder so kultiviert noch so liebevoll zu wie bei uns Feilchenfelds aus Ostpreußen. Woher sollten sie das also haben? Ich verdenke es ihnen nicht. Aber mir fehlte nun mal diese Liebe. Ich meinte, mein Mann müsse so sein wie mein Vater, bevor der anfing sich zu schämen, dass er uns nicht mehr ernähren konnte, weil Juden keinen Job mehr bekamen und die Mutter uns mit Waschen und Nähen durchbrachte. Sie war so stark. Und ich war nicht bei ihr, als sie starb. Sie musste ganz allein sterben. Ohne ihren Mann, ohne ihre geliebten Kinder. Ich fürchte, manchmal war ich in Gedanken mehr bei ihr als bei meinen Kindern. – Und meine Enkelkinder nehmen mir übel, dass sie beim Essen am Tisch sitzen müssen und all die preußischen Regeln. Du weißt schon.«

»Ja, die Jeckes.«

Die deutschen Juden galten in Israel als eigen in ihren strengen Sitten, ihrer Korrektheit und Pünktlichkeit. Eine Erklärung für die Bezeichnung „Jeckes" ist der niederdeutsche Karnevalsjeck, hochdeutsch Geck, der auf den Hofnarren zurückgeht. Eine andere Deutung des Ausdrucks ist die Jacke, die die deutschen Einwanderer in Palästina auch bei großer Hitze nicht ablegten.

Wer will es Esters Kindern verdenken, dass ihnen die Haare zu Berge stehen, wenn die Mutter den deutschen Kaiser zitiert? Obgleich ihre Botschaft nicht schlecht ist: »Jeder soll nach seiner Fasson glücklich werden.«

Je länger ich Ester kenne, desto intensiver wird der Eindruck, dass wir die gleiche seelische Veranlagung besitzen. Bei beiden liegen die Ursachen in der Zeit des Nationalsozialismus und des Krieges. Obwohl Ester 88 Jahre alt ist und ich 44 bin. Sie ist ein Opfer des Nationalsozialismus und ich ein spätes Kind der Tätergeneration. Darum arbeite ich bei *Aktion Sühnezeichen*. Ester sagt darüber: »Sühne? Quatsch. Du hast mir nichts getan. Du bist so eine Deutsche, wie ich gewesen bin. Die Nazis waren die Anderen.«

»Es gab aber ziemlich viele, Ester.«

»Natürlich. Die sind auch nicht erst im Nationalsozialismus zur Verdummung und Verrohung erzogen worden. Die einen zum Gehorchen, die anderen zum Befehlen. In der Schule, im Elternhaus, überall ist man geschlagen und gedemütigt worden. Was wird aus einem Hund, den du schlägst und demütigst?«

»So macht man ihn scharf und böse.«

»Eben. Das funktioniert bei jungen Menschen genauso. Dann musst du ihnen nur beibringen, wen sie beißen sollen. Das war früher leichter als heute, weil man nur wenige Menschen und Kulturen kennenlernte. Unwissen kann ausgenutzt werden, alles, was fremd ist, lässt sich als bedrohlich und gefährlich hinstellen. Und wer verstand denn zum Beispiel das Funktionieren der Weltwirtschaft?«

»Wer versteht es denn heute?«, werfe ich ein.

»Na eben. Und als es zur Weltwirtschaftskrise kam und man wusste, dass viele Juden an der Börse arbeiteten, brauchte einer der Führer nur zu sagen, dass es eine Verbindung zwischen Krise und Judentum gibt.«

»Die Meisten haben bis heute nicht in der Schule gelernt, dass Wirtschaft und Kultur eine Domäne der Juden gewesen sind, weil sie jahrhundertelang nicht in den christlichen Handwerkszünften arbeiten durften, kein Agrarland kaufen konnten und sich darum um den Handel bemühten. Als sie im 19. Jahrhundert endlich die Gleichberechtigung erhielten und an Universitäten zugelassen wurden, taten jüdische Eltern alles, um ihren Kindern ein Studium zu ermöglichen. Die Blütezeit des europäischen Judentums begann. Das rief den Neid der Christen hervor. Viele von ihnen erzogen ihre Kinder bildungsfeindlich.«

»Ja, du weißt das alles, was soll ich dir beibringen?«

Jetzt sind ausreichend Worte gewechselt, es ist hinreichend Zeit verstrichen, wir haben lange genug über den für mich entscheidenden Satz hinausgeredet, sodass ich ungezwungen fragen kann: »Ester, was tue ich hier, wenn Sühne Quatsch ist, weil ich dir nichts getan habe?«

Sie weiß nicht, dass diese ihre Aussage die Lösung meines inneren Konfliktes bedeutet. Die letzte Markierung meines anstrengenden Weges. Ich nehme mir vor, mir das Datum zu merken, obwohl es ja keine Rolle spielt. Es spielt auch keine Rolle, was nachher kommt, es spielt keine Rolle, ob ich von nun an glücklich werde. Wichtig ist nur der Augenblick der Befreiung. Das ist das Ziel meines bisherigen Lebens. Ich weiß nicht einmal, ob ein weiteres Ziel folgt. Es ist mir egal. Ich lebe im Jetzt. Die Vergangenheit ist erledigt, die Zukunft noch nicht in Sicht.

»Was ich von dir will«, sagt Ester, »dass du mich ab und an besuchst und mir zuhörst. Das tut mir gut. Und dass wir zusammen in die Schulen gehen. Damit sich auch in Israel mehr Menschen für den Freiwilligendienst entscheiden. Der Staat kann die Betreuung der Alten nicht bezahlen. Aber wir vereinsamen ja ganz. Dabei haben wir etwas zu geben, oder nicht?«

»Und ob ihr etwas zu geben habt, Ester. Niemand hat mir so viel gegeben wie du.«

»Nun übertreibst du.«

Ich will nicht weiter darauf eingehen. Es wäre mir peinlich, weinen zu müssen.

»Ester, wann sollen die jungen Israelis Freiwilligendienst leisten? Nach der Schule müssen sie drei Jahre lang zum Militär. Die meisten heiraten früh und bekommen Kinder. Sie müssen zusehen, dass sie ihr Studium beenden. Es ist teuer.«

»Das weiß ich. Ich kenne auch keine Lösung. Ihr jungen Leute werdet schon eine finden, wenn ihr nur genug wisst. Und die hiesigen wissen nicht viel vom Freiwilligendienst.«

»Ist gut, Ester, lass uns in die Schulen gehen.«

Esters Krebsoperation kommt dazwischen. Das Café Europa können wir wenige Wochen später wieder besuchen, aber ihre Vorträge vor Schülern und Soldaten und die interreligiösen Treffen müssen warten. Doch Ester ist hart im Nehmen. Ich habe sie nie traurig oder stark berührt gesehen. Zu meiner Überraschung ändert sich das, als sie mir ein Buch empfiehlt, das sie während ihres Krankenhausaufenthaltes gelesen hat.

»Anja. Mir war nie klar, dass die christliche deutsche Generation, die während des Krieges Kinder und Jugendliche waren, ebenso traumatisiert ist wie wir. Das ist ja schrecklich! Und die haben das genauso an ihre Nachkommen weitergegeben wie wir! Man hat ihnen die Kindheit gestohlen genau wie uns. Darum konnten wir euch keine richtig gute Kindheit bieten. In Israel sind wir wenigstens psychologisch betreut worden. Kein anderes Land besitzt so viele Psychologen. Das hat man im Täterland offenbar nicht für nötig gehalten. Das ist furchtbar!«

Ich mag nicht glauben, dass der feuchte Film über ihren blauen Augen von ihren Gefühlen herkommt. Es gibt Freiwillige, die finden die alte Dame hart und unsensibel. Es ist mir unbegreiflich, dass Ester Golan Mitleid mit gleichaltrigen Deutschen empfindet.

»Nenn mir Beispiele«, forsche ich, doch ich fürchte, ich weiß, was sie meint.

»Nein, das musst du selbst lesen.«

»Vor allem werde ich es meiner Mutter zu lesen geben.«

»Nein. Tu das nicht. Lies du es zuerst und entscheide dann, ob du es ihr geben kannst.«

Das ist es also. Ich sehe meine Mutter vor mir. Und ich sehe Ester vor mir. Zum ersten Mal ist sie bewegt. Mehr als sie auszudrücken vermag. So berührt habe ich auch meine Mutter nie gesehen. Sie empfindet das Leid des Anderen nicht immer, merkt oft nicht, wenn sie verletzt, ebenso wie Ester. Sie kann sich nicht richtig freuen und sich und andere nicht leicht lieben. Sie versicherte mir einmal, dass sie Schmerz sehr wohl spürt, und sie würde gerne weinen, aber nichts kommt heraus, keine Tränen, keine Worte. Man hatte sie ihr verboten, als die grausigen Anblicke des Krieges noch frisch waren. Und manchmal hatte die Zeit im Kampf ums Überleben gefehlt.

Darum bin ich hier. Durch die Begegnung mit Ester bin ich in der Lage, mich weiter zu entwickeln als die beiden alten Frauen. Ich habe für mich persönlich den Konflikt gelöst, der in Deutschland und Israel von Generation zu Generation weitergegeben wird.

Zum Abschied halte ich Ester fest in den Armen und während ich sie spüre, wächst der Wunsch, auch meine Mutter so an die Brust zu drücken.

Am 7. April 2013, am Vortag des Yom HaSchoah, des Schoah-Gedenktages, starb Ester Golan im Alter von 89 Jahren. Meine Mutter folgte ihr ein Jahr später.

Schabbat bei Birkenbaums

Ich muss pünktlich sein. Freitags um 18:00 Uhr stellt Jerusalem den Busverkehr ein. Andererseits dauert es bis zum Sonnenuntergang und Schabbatbeginn noch zweieinhalb Stunden. Ich werde zu früh sein.

Den Tag über war mir flau in Magen. Dabei wollen mir die Birkenbaums nur Gutes tun. Ich hatte ihrer Tochter gesteckt, dass sie meiner deutschen Kollegin Sigrun eine riesige Freude bereitete, wenn sie sie zum Schabbat einlüde. Daraufhin dachte Ilana, mir damit ebenfalls eine Freude anzutun.

Die erste Einladung schlug ich unter dem Vorwand aus, ich wäre anderweitig verpflichtet. In Wahrheit besaß ich nur ausgeschnittene und schulterfreie Sommerkleider. Inzwischen habe ich die hübschen Geschäfte auf der Yafo Straße und der Ben Jehuda entdeckt. Ich kleide mich bunt, aber nicht aufreizend.

Ich quetsche mich in den durchlöcherten Schatten einer Bushaltestelle, darauf bedacht, meine neue Spitzenbluse nicht zu verschwitzen.

Schwitzen die beiden Jungs in schwarzen Anzügen und Lederschuhen nicht? Jetzt setzen sie die Hüte ab und beugen sich zu dem heruntergekurbelten Fenster eines Taxis, verhandeln mit dem Fahrer, anstatt länger auf den Bus zu warten. Sie wollen schneller in einen gekühlten Raum.

In ein anderes Taxi steigen zwei Jungs in Bermudashorts und Flipflops, Handtücher um die sonnengebräunten Nacken. An ihren Haaren und Waden kleben Spuren von Salz und Sand. Sie haben den Freitag am Mittelmeer oder am Toten Meer verbracht.

Zwei Mädchen in frischgebügelten Kleidern raffen Plastiktüten zusammen, durch die *Berches* oder *Challot* schimmern, geflochtene Schabbatbrote mit Mohn, eines aus weißem, eines aus Vollkornmehl. Ein Herr im Hemd wartet mit Kiddush-Wein und Blumen auf den Bus.

Ich sage dem Busfahrer, er möge mir Bescheid geben, wenn wir zur Meir Nakar in Südtalpiot gelangen. Daran erinnert er sich, als er an der Endstelle ankommt und ein Fahrgast nicht ausgestiegen ist: Ich. »Ach ja«, meint er, »bleiben Sie sitzen, ich bringe Sie zurück.« Er wendet den Bus, dessen Gelenk aus Kassel/Germany stammt, auf der Straße.

Ich frage zwei bunt gekleidete Frauen nach der Meir Nakar. »Wollen Sie zur Synagoge?«, erwidern sie. »Ja, allerdings«, antworte ich erstaunt und stolz. Offenbar bin ich passend angezogen, um die Synagoge zu besuchen. Vielleicht halten sie mich sogar für eine ausländische Glaubensgenossin.

Bevor sie nicht mehr telefonieren darf, wenn sie die Schabbatregeln einhalten will, ruft mich Ilana an, um zu fragen, ob ich den Weg finde.
»Ich habe die Sherman-Synagoge schon gefunden. Hier warte ich auf euch.«
»Aber das dauert noch bestimmt eine Stunde bis Sonnenuntergang!«, sagt sie.
»Macht nichts, ich setze mich auf eine Bank in der Sonne.«
Gerade habe ich aufgelegt, als ich meinen Blasendruck und den Wind bemerke. Er weht über die Spitze des Hügels, auf der die Synagoge in Gestalt zweier Iglus aus weißem Putz steht. Sie bildet zugleich den äußersten Rand der Stadt, hinter ihr endet die Bebauung, eine Brache steigt an. Unten auf der Straße geht ein Teenager vorbei, der nicht festlich gekleidet ist und keine Kippa trägt. Er pfeift, von der Brache kommt Antwort. Er sprintet hinauf. Nach einigen Minuten kommen drei Teenager herunter und verschwinden in verschiedene Richtungen. Sekunden später steigt Rauch von der Brache auf. Kurz darauf wandert Feuer an ihrem Rand entlang. Da ich die Situation nicht einschätzen kann, aber weiß, dass ich mich an der Schnittstelle zwischen jüdischem und muslimischem Stadtteil befinde, verlasse ich meine exponiert stehende Bank. Ich drücke mich an die Wand der Synagoge, um Schutz vor Wind, Feuer und Blicken zu suchen, und reibe mir die nackten Oberarme.

Ein alter Mann, von dem ein langer Bart fließt, kommt gebeugten Rückens, in legerer Kleidung, freudestrahlend, grüßt freundlich und sagt: »Beit ha knesset patuach. Ich schließe die Synagoge jetzt auf, kommen Sie herein.«
»Ich warte noch auf jemanden«, entgegne ich. Auch weiß ich nicht, wohin ich mich setzten sollte.
Eine halbe Stunde hadere ich mit der Frage, ob ich in der Synagoge eine Toilette aufsuchen soll. Wie viele Fettnäpfchen mögen auf dem Weg dorthin stehen? Welche Tabus lassen sich brechen? Mein Körper nimmt mir die Entscheidung ab. Ich schleiche an dem warm beleuchteten Innenraum vorbei in den zweiten Iglu und finde eine Toilette. Für Männer. Ich steige die Treppe

hinauf. Unter dem runden Dach entdecke ich eine Toilette ohne Hinweis darauf, wer sie benutzen darf. »Ich«, beschließe ich und eile hinein. Wie schön eine abgeschiedene Örtlichkeit wirken kann!

Ich stehle mich die Treppe hinunter, obwohl die Spülung mich längst verraten hätte. Ich werfe einen Blick in den Gebetsraum, um zu sehen, ob Birkenbaums gekommen sind. Aber das Haus ist menschenleer. Ich setze mich draußen auf meine Bank, als wäre ich nie aufgestanden.

Nach und nach gehen Männer grüßend oder im Gespräch vorbei und hinein. Ein Junge kommt mit einem Ball und einem Hund und spielt gegen die weiße Mauer des Gotteshauses. Nach und nach ersetzen Kinder die Wand als Gegenspieler. Sie sprechen Iwrit und Englisch. Frauen und Mädchen lassen lange auf sich warten. Ihr Make-up verrät, warum. Ilana trägt heute feinere Stoffe als auf der Arbeit und ein Tuch um die Schultern. Eine Nachbarin tritt im Kostüm, eine junge Frau in schwarzer Spitze auf. Andere kommen in Leggins, kurzen Jeansröcken, Baumwollshirts. Wir nehmen tratschend und Hände schüttelnd auf der Frauenempore Platz. Jede greift nach einem Gebet- und Gesangbuch, schlägt es auf und schaut nicht hinein, sondern über die Balustrade, was die Männer unten machen. Einer steht mit dem Gesicht zur Wand und betet. Teenager sitzen unter gegelten Kurzhaarfrisuren in den Stuhlreihen. Zwei ältere Herren mit langen Bärten lehnen leger am Geländer um den Tisch, *Almemor* oder *Bima* heißt er, von dem die Thorarollen verlesen werden. Ein junger Mann wirft sich einen weißen Gebetschal auf die Schulter, legt ihn daraufhin um den Kopf und tritt an ein Pult. Seine Stimme intoniert ein Lied, singt leise, schwillt an, bis sie andere aus ihren Gebeten herauszieht. Sie singen mit, klatschen den Takt. Einige der Stöckelschuhe und Trekkingsandalen um mich herum gehen ein paar Schritte zurück und hüpfen vor, aber nicht alle. Der Rhythmus erfasst den Körper, ich pendele mit den anderen vor und zurück. Plötzlich drehen sich alle um. Ich folge zeitverzögert, weil überrascht. Ilana lacht über mein verdutztes Gesicht und erklärt: »Von Westen her soll die Schabbatbraut oder die Schabbatkönigin eintreten. Wir begrüßen den heiligen Tag wie eine Braut oder Königin.« Ilana ist die Freude anzusehen, und auch mich berührt sie. Es ist schön im Raum, der Mann dort unten und Ilana singen gut, die meisten Leute sind gut gelaunt. Kinder spielen auf der Treppe, eine Mutter spielt mit ihrer Tochter auf der Empore.

Der Vorsinger wechselt ins Gebet und die Gemeinde antwortet, sobald seine Stimme herausfordernd ansteigt oder abbricht. In anderen Phasen des Gottesdienstes betet oder singt jeder für sich.

Als neugierige Christen in Deutschland durch die Fenster der Synagogen schauten und hörten, was für ihre Ohren wie Unordnung klang, prägten sie den Spruch: »Hier geht es zu wie in der Judenschul«. Eine Generation später haben sich die Werte geändert. Mir vermittelt dieses individuelle Vorgehen den Eindruck, als fänden nicht strenge, leere Rituale statt, sondern eine natürliche, entspannte Religiosität.

Beim Hinausgehen werden erneut Hände geschüttelt und es wird geplaudert. Ich frage Ilana nach den zwei Iglus. Eines ist für die Ashkenazim, eines für die Sepharden. Als Ashkenazim bezeichneten sich Juden aus deutschsprachigen Ländern. Während der Kreuzzüge flohen sie nach Osteuropa und Russland, von dort vor Armut und Pogromen wieder zurück, doch vor allem nach Amerika, ins Land der unbegrenzten Möglichkeiten, wo jeder nach seiner Fasson glücklich werden durfte. Von da kommen jetzt viele ins Gelobte Land.

Die Sepharden sind spanisch- und portugiesischstämmige Juden. Mit dem Wechsel von maurischer zu christlicher Herrschaft wurden sie vertrieben. Sie flüchteten ins Osmanische Reich und nach Afrika. Wenige kamen in die Seehandelsstädte Nordeuropas. Aus Europa flohen sie vor dem Nationalsozialismus, aus dem endkolonisierten Afrika vor der antisemitischen Haltung der muslimischen Bevölkerung unter anderem nach Palästina.

Die Thora und der Talmud sind bei beiden seit Jahrtausenden gleich. Doch die Gottesdienste haben sich während der Trennung der Juden in der Diaspora unterschiedlich entwickelt. Das ist der Grund für die zwei Iglus.

Mein Toilettengang hatte mich in den sephardischen Iglu geführt.

Es ist dunkel geworden. Als wir die Straße überqueren, zucke ich unter einer Explosion zusammen. „Gewehrfeuer oder Bomben?" Ilana beruhigt mich. »Ein Feuerwerk«, sagt sie, »eine Hochzeit«.

Ilana führt mich in ihr Haus, wo die Großmutter die Schabbatkerzen angezündet hat und den Tisch für uns deckt. Sie ist deutschstämmig. Sie fällt mir als das am wenigsten religiöse Familienmitglied auf. Frau Reichs Familie war aus Hamburg nach Amerika entkommen, als sie ein Kleinkind war. Vor 15 Jahren verkaufte ihr Sohn die elterliche Hühnerfarm bei New York, um das Exil gegen die ersehnte Heimat Eretz Israel einzutauschen. Die über 70 Jahre alte Dame ging mit. Sie wolle kein Deutsch sprechen, sagt sie, flicht aber ab und an ein Wort in unserer Muttersprache ein.

Der Vater legt jeder seiner drei Töchter die Hände auf den Kopf, spricht einen Segen, wünscht *Schabbat Schalom* und küsst sie. Die jüngste beglückwünscht er zum Eintritt in die höhere Schule, die mittlere zum bestandenen Examen. Auch die zarte kleine Mutter küsst jedes Kind und wünscht *Schabbat Schalom*. Singend gehen wir zum Waschbecken, um unsere Hände mithilfe eines zweihenkeligen Gefäßes zu begießen. Ich frage Ilana, was sie sagt. Sie presst die Lippen zusammen, hält den Zeigefinger davor und schaut bittend ihre Mutter an. Die erklärt mir gelassen, dass man nach dem Händewaschen bis zum Verteilen von Brot und Wein nicht mehr spricht. Ich schaue mir den Parkettboden an, ob es möglich wäre, in den Fugen zu versinken. Frau Birkenbaum hat für mich den Schabbat entweiht. Kein Wunder, wenn streng Orthodoxe keine Ungläubigen oder Andersgläubige einladen.

Singend schneidet der Vater die Challot, streut Salz darauf, verteilt die Scheiben und den süßen Kiddusch-Wein. Mal fällt Ilana in seinen Gesang ein, mal eine andere Tochter, mal die Gattin oder alle zusammen. Hier scheint es keine feste Regel zu geben.
Herr Birkenbaum und eine der Töchter stellen die Vorspeisen und Getränke auf den Tisch. Mutter und Töchter haben gekocht, die Bedienung übernimmt der Vater. Es gibt Cola, Wasser, Saft, Sherrybier, Gehacktes mit Gemüse, Hummus, Auberginenmus und Salat. Beim Essen reden wir über den Kinofilm »Findet Nemo«, über Alice im Wunderland und Hans Christian Andersen. Wir werfen uns die Namen der Musikstile und Stars der 1920er- bis 1980er-Jahre zu, um abzugleichen, wer was kennt und wovon wer schwärmt. Ilana und ich hatten das schon einmal in unserem Bürogebäude getan. Sie hatte gesagt: »Shalom Anja, I am leaving«. Da schmetterte ich ihr über die hallende Galerie

entgegen: »I am leaving, I am leaving, but the fireworks still remain, still remain.« Verdutzt sah sie mich an und ich hatte erklärt: »Simon and Garfunkel live im Madison Square Garden vor 18 000 Zuschauern.«

»Ach ja, Simon and Garfunkel. Meine Eltern besitzen die Platte.« »Die Eltern«, dachte ich, wie jung Ilana ist und wie alt ich bin.

Nachdem die Eltern und ich den Madison Square Garden nach Bob Dylan, Billy Joel, Joan Baez, Cat Stevens, Rod Stewart, den Rolling Stones und David Bowie abgegrast haben, beziehen wir die Großmutter ein. »Hast du Shimmy, Charleston, Black Bottom getanzt, Mutter?« Sie lächelt und schüttelt den Kopf. »Das waren die 20er, 30er, das war vorbei. Wir sind mit Swing, Boogie und Rock 'n' Roll großgeworden. Aber ich mochte den Jazz sehr gern.« Beim Abrufen der Jazz-Stars wird sie lebhafter, da muss ich passen. Die Eheleute überlegen, wann sie zum letzten Mal getanzt haben. Währenddessen erkenne ich den Stil der regenbogenfarbenen Bilder an der Wand. Ich hatte ihn in einer improvisierten baufälligen Galerie in der Stadt gesehen und versuche mich an die Worte des Galeristen zu erinnern. Er hatte erklärt, jedes der 150 Gemälde interpretiere einen Psalm des *Tanach*, des Alten Testaments. Die Posaunen, die die Mauern Jerichos zu Fall gebracht hatten, waren erkennbar gewesen.

Meine Gastgeber sehen mich gegen die Wand starren, den Kopf in der Hand, die Elle auf dem Tisch, und denken, ich langweile mich. Um mich besser einzubeziehen, suchen sie aus der Küchenschublade eine bebilderte Kinderfassung der Schabbatgesänge hervor. Aber nach Monaten Iwrit-Lernen lese ich noch so langsam, dass das Lied beendet ist, wenn ich am ersten Satzende angekommen bin.

Vater Birkenbaum trägt den Hauptgang auf. Beim Essen von Huhn, Süßkartoffeln, Bratkartoffeln, Bohnen und Möhrensalat bin ich ebenso zügig wie die Hebräer.

Ilanas Schwester erzählt, Netanjahu sei nach Natanya gereist, weil das Meer den Boden unter den Hotels wegschwemmt. Ilana fragt, warum Ingenieure das nicht voraussahen. Sahen sie vielleicht, sagt Herr Birkenbaum, möglicherweise waren die Bauherren am raschen Geld interessiert. Ich überlege, ob ich eine politische Diskussion riskieren soll, indem ich das Mädchen frage, ob sie ein Fan von Netanjahu sei, doch ich wage es nicht. Säßen wir in einem

Café, wo im schlimmsten Falle jeder zahlen und gehen könnte, täte ich es, aber nicht am Familientisch als Gast auf ihrem Territorium. Auch ordneten sie mich womöglich allzu schnell jenen zu, die sich nach geschicktem Nachfragen nicht als Kritiker der derzeitigen israelischen Politik, sondern als Israelkritiker erweisen. Und das passt jetzt wirklich nicht zu dieser freundlichen Atmosphäre.

Dabei bin ich neugierig, was die 18-Jährige über die Motive der gleichaltrigen Soldaten und Soldatinnen denkt, die Palästinenser an den Checkpoints demütigen. Das Auskosten der Autorität, Langeweile, ausprobieren, was geht? Ebenso möchte ich wissen, ob das Mädchen, das sanft aber sichtbar Entfernung von der Familie schafft, um ihr Eigenes zu finden, den politischen Hardliner Netanjahu mag. In Israel sind die Meinungen manchmal ganz anders, als wir sie erwarten. Die Jungen formen mit den Fingern das Victoryzeichen, wenn am Befreiungstag, eine Woche nach dem Schoah-Gedenktag, die Luftwaffe ihre historischen Flugzeuge und modernen Bomber am blauen Himmel zeigt. Einer wird mitten im Flug von einer großen weißen Maschine betankt. Die alten Überlebenden des Holocaust schimpfen dagegen am Familientisch über den Militarismus der Jugend. »Die Ideale, für die wir gekämpft haben«, sagen sie, »sind alle nicht verwirklicht worden.« Und die Sozialisten und Kibbuzniks sehen ihre Bewegung eingehen wie die Pflanzen, die die jungen Israelis nicht pflegen. Stattdessen arbeiten sie auf dem Gebiet der Computersoftware führend in der Welt.

Ich komme nicht dazu, zu entscheiden, ob ich das Thema anspreche, ich muss das Amerikanisch Herrn Birkenbaums verstehen. Der erklärt, wie seine Tochter auf Natanya gekommen ist. Sie war nicht nur so weit gefahren, um sich am Strand den Sonnenbrand zu holen, den wir den ganzen Abend bewundern, sondern, um sich ein gebrauchtes Auto anzusehen. Als ob es in Jerusalem keine gäbe. Der Vater sagt es so leise und lächelnd, dass es nicht nach Kritik klingt. Als bald darauf die 12-Jährige einen Redeschwall vollkommenen Unsinns von sich gibt, aber von allen ernst genommen wird und ausführlich Antwort erhält, begreife ich, dass hier jeder geachtet ist, in welcher Lebensphase er sich auch befinden mag.

»Jetzt wollen wir den Abschluss singen«, sagt die Mutter, »wir sind noch bei den Nachbarn zur Beschneidung ihres Sohnes eingeladen. Oder willst du nicht gehen?«, fragt sie ihren Mann.

»Doch, sollten wir. Wer von euch kommt mit?«

Herr Birkenbaum erklärt mir, es wird Whisky und Kuchen geben zum Anlass des Ereignisses. Ich ziehe es vor, zusammen mit Ilana Oma Reich nach Hause zu geleiten. Sie bewohnt ein paar Straßen weiter ein eigenes kleines Apartment. Die anderen Töchter wollen zu Hause bleiben und die Küche besorgen. Das Ehepaar geht allein auf die Party.

Beim Anziehen der Jacken werden wir von bunten Blitzen und vom Donnern an die Fenster getrieben.

„Das ist das Freudenfeuer zur Hochzeit". Ilana zeigt in den Garten und über die Straße. »Dort wohnen Palästinenser«, erklärt sie. »Die heute 30-Jährigen sind mit ihnen gemeinsam aufgewachsen. Die haben zusammen gespielt. Seit der ersten Intifada sind sie getrennt«.

»Gehst du über die Straße?«, frage ich sie.

»Nein. Die Leute sagen, das sei gefährlich. Manche gehen trotzdem.«

Nablus

»Ani roza monit le Ein Kerem – Jom Shabbat be shaa sheva ba boker.« »Dann rufen Sie mich eine Viertelstunde vorher an«, antwortet der Taxifahrer am Telefon. Es ist weder üblich noch nötig, einen Tag im Voraus zu bestellen. Pünktlich um sieben in der Frühe wartet er vor dem Café Carma in Ein Karem. Die Straßen sind menschenleer. Keine Busse fahren. Es ist Schabbat. Allein die Mitglieder der evangelischen deutschsprachigen Gemeinde von Jerusalem sind unterwegs zum Zionstor im arabischen Ostteil der Stadt. Vor einem lila Reisebus wartet ein junger Mann. Er trägt schwarze, modern geschnittene Haare, keine Kippa liegt darauf, folglich ist er entweder säkularer Jude, Christ oder Palästinenser. Um den Bus herum schlendert eine blonde, glatthaarige Frau in wenig femininen Kleidern. »Du auch?«, versuche ich es auf Deutsch.

»Ja«, antwortet sie. »Heiß heute für einen Ausflug.«

»Kann man wohl sagen«, bestätige ich, »besonders, wenn man so eingepackt ist. Ich habe erst gestern Abend die Mail bekommen, dass wir keine Röcke tragen sollen, sondern lange Hosen, keinen Ausschnitt und vollständig bedeckte Arme. Mein Shirt reicht aber nicht bis über die Handgelenke, glaubst du, das genügt?«, hole ich nähere Erkundigung ein und strecke die Arme vor wie eine Schülerin im 19. Jahrhundert in Erwartung der Schläge für schmutzige Hände.

»Ich denke schon«, sagt die Blonde. Ich frage sie nach ihrer Aufgabe im Lande Israel. Sie arbeite an der Rezeption im Paulushaus. »Ich habe Hotelfachfrau gelernt, eine Tourismusausbildung draufgesetzt und bin katholisch. Was läge da näher, als im Pilgerhospiz gegenüber dem Damaskustor tätig zu sein«, erwidert sie lächelnd. »Das Gebäude schaut übrigens aus wie eine Kreuzritterburg. Es wurde vor 100 Jahren vom *Deutschen Verein vom Heiligen Lande* errichtet und von den Maria-Ward-Schwestern geleitet.«

Die weiteren Ausflügler sind ältere Damen. Sie schaffen im österreichischen Hospiz oder haben vor der Rente in der von der Gattin Kaiser Wilhelms 1899 gegründeten *Auguste-Viktoria-Stiftung* auf dem Ölberg gearbeitet.

Zwischen ihnen steht ein Übersetzer mit doppelter Staatsbürgerschaft. Wegen seines israelischen Passes darf er eigentlich nicht in die *schtachim*, die Palästinensergebiete.

Um ihn herum warten Freiwillige im sozialen Jahr oder im Zivildienst. Sie arbeiten im Behinderten- und im Kinderheim. Im Altenheim pflegen Volontäre von *Aktion Sühnezeichen Friedensdienste* die letzten Überlebenden des Holocausts und lassen sich die Seelen heilen vom Konflikt, der von Generation zu Generation weitergegeben wird. Denn solches können diese uralten ehemaligen Deutschen leisten, indem sie nach Monaten mit ihrer Pflegerin Deutsch reden, indem sie die Schuld aufheben und verzeihen.

Der Pfarrer der deutschsprachigen Jerusalemer Gemeinde sammelt seine Schäfchen. Seine blonde Kurzhaarfrisur aus den 40er-Jahren, die er nicht miterlebt hat, leuchtet in der Morgensonne. Während er in den Bus steigt, blättert er in der Bibel, um uns von *Sichem* zu erzählen, wohin wir jetzt fahren. Die Römer nannten den Ort *Neapolis*, Neustadt. Die Araber können das harte P nicht sprechen, so wurde *Nablus* daraus, nach Ramallah und Hebron die mit 100 000 Einwohnern drittgrößte Stadt im Palästinensergebiet. In den beiden Flüchtlingslagern und den 14 jüdischen Siedlungen um den Ort herum wohnen weitere 100 000 Menschen.

Am Jakobsbrunnen in Sichem sprach Jesus von Nazareth, so wird überliefert, mit einer Samaritanerin und brach somit gleich zwei Tabus: Er sprach nicht nur mit einer Frau, sondern auch noch mit einer vom anderen Stamm. Er redete vom lebendigen Wasser. Die Samaritanerin brauchte eine Weile, bis sie begriff, dass er nicht das Quellwasser meinte, sondern den Glauben. Noch immer leben 700 Samaritaner in der Nähe Tel Avivs und auf einem der beiden Berge, zwischen denen Nablus liegt.

Doch wir besuchen nicht die Samaritaner, sondern einen jungen deutschen Automechaniker kroatischer Herkunft mit Namen Ivy im College für Mechatronik, wo er mithilft, das Curriculum für die Lehre zusammenzustellen. Ivy ist von der GTZ, der Gesellschaft für technische Zusammenarbeit nach Palästina geschickt worden, nachdem er in Afghanistan und in Ägypten tätig gewesen ist und Arabisch gelernt hat. Ivy wirbt bei palästinensischen und deutschen Autofirmen, Geld in die Ausbildung junger Palästinenser zu stecken, die kein so gutes Abitur geschafft haben, dass sie studieren dürften. Frustriert beginnen sie die Lehre, doch bald staunen ihre Kollegen an der Universität über den praxisnahen Unterricht. Und sogar eine Studentin hat in die Mechatronikerlehre gewechselt, weil sie mit den Händen schaffen will. Sie ist zugleich die erste Frau in der Automechanik von Palästina. Ivy ist bemüht, die Achtung des Handwerks gegenüber den akademischen Berufen zu steigern, indem er auf »Germany« verweist, wo er als Kfz-Mechaniker gut verdient und Ansehen genießt. In Palästina will jeder studieren, andernfalls gilt er als »Loser«. Allerdings ist die Lehre hier nicht von gleich hoher Qualität, da nur Deutschland das duale Ausbildungssystem besitzt. Die Lehre der jungen »Palis«, wie Ivy sie liebevoll nennt, bleibt dagegen eher theoretisch, sodass der erste Arbeitgeber nicht bereit ist, viel Lohn zu zahlen für jemanden, der die Praxis noch lernen muss.

In der Werkstatt werden Autos geprüft, ob sie ihres Gebrauchtwagenpreises würdig sind, ob sie legal erworben wurden oder ob ein Wagen aus zweien zusammengeschweißt ist. In derselben Halle rüsten Azubis ein Fahrzeug auf Gas um. Nebenan leuchtet die Sonne auf eine Solareinheit, die Wasserstoff und Sauerstoff voneinander trennt. Ein Modellauto wird mit dem Wasserstoff betankt und fährt und fährt und fährt leise. In acht Jahren will Israel den gesamten Autoverkehr auf erneuerbare Energien umstellen, um sich von erdöl- und gasexportierenden Ländern und Konzernen unabhängig zu machen. Also muss auch Palästina den neuesten Stand der Technik beherrschen. Ivy erklärt, dass die unterschiedlichen Staaten der Welt voraussichtlich verschiedene regenerative Energieantriebe verwenden werden, je nachdem, welche am einfachsten zugänglich ist. Der junge Mann gerät in Zorn, als er berichtet, wie lange die Autokonzerne alternative Antriebe in den Schubladen versteckt hielten. »Jetzt muss die ganze Entwicklung nachgeholt werden, die wir längst haben könnten! Jahrzehntelang verschwenden wir das kostbare Öl, verschmutzen Luft und Wasser damit und zahlen 100 %, von denen wir nur 40 % nutzen! In der Bäckerei übten wir den Aufstand, wenn wir für zehn Brötchen bezahlten und vier bekämen! An der Tankstelle bezahlen wir ohne Murren.« Ivy ruft dem Busfahrer zu, er solle die Klimaanlage ausstellen, während er auf uns wartet, die verbrauche 2 % Energie. Der Fahrer versteckt sich im Kofferraum vor der Sonne, wir schwitzen, weil der Bus nicht vorgekühlt ist.

Die nächste Station ist eines der beiden Flüchtlingslager bei Nablus. Aus diesem gingen in der Zeit der Intifada die meisten Selbstmordkandidaten von Palästina hervor.

Bevor ich das Lager sah, stellte ich mir eine Zeltstadt mit Stacheldraht vor, aus der niemand heraus darf. Jetzt sehe ich eng beieinanderstehende rohe Häuser. Zwischen ihnen winden sich dermaßen schmale Gassen, dass es keine Intimsphäre, wenig Luftzug und Licht gibt. Durch die Mitte des Ortes verläuft eine Straße bis zu beiden Enden. Früher waren die Enden durch Tore verschlossen, heute stehen sie offen. Trotzdem bleiben die Leute drinnen, denn ziehen sie fort, verlieren sie den Status als Flüchtlinge und den Anspruch auf ihren alten Besitz. Die meisten Einwohner des Flüchtlingslagers stammen aus Haifa. Sie flohen 1948 über das Karmelgebirge. 800 Menschen waren sie damals. Die Vereinten Nationen pachteten ihnen einen Quadratkilometer Land. Auf dem bauten sie Häuser. Sie bekamen viele Kinder. Für diese füllten sie die Lücken zwischen den Häusern. Enkel wuchsen heran. Für die errichteten sie die zweite Etage auf den Häusern. Aus 800 wurden 20 000. Die Enge verursacht Stress. Als sich zu Beginn der Intifada die Tore des Flüchtlingslagers schlossen und die Väter nicht zur Arbeit nach Nablus oder Israel kamen, verloren sie ihre Jobs. Der Stress stieg, das Prügeln von Frauen und Kindern war keine Seltenheit. Heute, da die Tore offen stehen, schickt man die Jugend in die Schulen und Universitäten außerhalb des Camps. Auch innerhalb sind Kinder und Jugendliche mit der Außenwelt vernetzt. Internet und Fernsehen zeigen ihnen, wie Andere leben. Zorn ist die Folge. Wut auf die Eltern, die das Camp nicht verlassen wollen, weil sie davon träumen, eines Tages nach Haifa in das Haus der Großeltern zurückzukehren; Hass auf die Juden, die ihren Familien das angetan haben. An den Häusern hängen Schlüssel, Symbole für Besitz. Denn nach altem arabischen Gesetz ist derjenige Eigentümer eines Hauses, der den Schlüssel besitzt. Gegenüber den Grundschulen wehen Transparente, auf ihnen ist zu lesen: »Wir kommen zurück, Haifa!« Auf Leuchtschildern, die sich über Gassen spannen, sind schwarzvermummte Waffenträger verewigt. Ein Einwohner des Lagers in der zweiten Generation, Mahomed, erklärt, das seien die Märtyrer, die im Kampf fielen. An den Kreuzungen posen auf Fotos in kleinen Schreinen hinter Gittern junge Männer mit Panzerfäusten und Maschinengewehren. Diese Toten bilden die Vorbilder für die spielenden Kinder in den Straßen.

Trotzdem sagt Mahomed, alles, was sie sich wünschten, sei Frieden. Sie hätten nichts gegen die Juden, nur gegen deren Regierung. Palästinenser und Juden wollten nichts weiter als Essen, Wohnen, die Kinder zur Schule und zur Uni schicken. Aber was habe man ihnen angetan. Jede Familie litte unter einem Trauma. Seine Großmutter sei gestorben am Gram über die Vertreibung und Flucht. Die Mutter sei gemütskrank geworden, nachdem israelische Soldaten die Wohnung gestürmt und ihre Tochter berührt hätten. Wir wüssten doch, wie schlimm das für eine Muslimin sei. Seine Brüder säßen im Gefängnis, halbe Kinder, unschuldig, nur weil einer der Onkel zu den Palästinenserführern gehöre.

Wir sitzen in einem Theatersaal in der oberen Etage eines Wohnhauses. Ivy ist es gelungen, für dieses Kulturprojekt Gelder aus Deutschland zu beschaffen. Auf der Bühne können Jugendliche durch Rapmusik, Mimik und Text ihre Frustration ausdrücken und lernen, sie positiv zu kanalisieren, anstatt zu schlagen und zu töten.

»Ihr Deutschen habt uns das eingebrockt«, sagt Mahomed, »weil ihr die Juden vertrieben habt. Jetzt müsst ihr uns helfen, damit fertig zu werden.«

Wie dünn die friedliche Oberfläche sich spannt, zeigt sich, als einer von uns eine Frage stellt, die als Provokation aufgefasst wird. Ob die Juden nicht ebenfalls aus den arabischen Ländern vertrieben worden seien. Mahomed entgegnet, sie seien freiwillig gegangen. Unser Übersetzer schüttelt den Kopf. Mahomed fängt an zu schreien: »Ich erzähle nur, was ich weiß. Ich rede nicht über Dinge, von denen ich nichts verstehe. Sie sind hier Gäste. Als solche haben sie zuzuhören und keine provokanten Fragen zu stellen. Solange Sie bei uns sind, haben sie nicht zweifelnd mit dem Kopf zu schütteln.«

Ivy beruhigt Mahomed, mit dem er befreundet ist, und geht mit ihm auf der Straße eine Zigarette rauchen. Unterdessen tut der Pfarrer seine Meinung kund, er fände es die falsche Gelegenheit, zu diskutieren. Das könnten wir unter uns tun, aber nicht mit den Gastgebern.

Mir persönlich wird Akbar unangenehm, weil ich nicht mehr einschätzen kann, ob er zu unserem Schutz neben der Tür postiert ist, oder um uns fest-zuhalten.

Erleichtert treten wir aus dem Saal, wenn auch Akbar hinter uns geht und Mahomed vor uns. Aus den Haustüren schauen uns Musliminnen nach, die Kinder lachen und fragen: »Wie heißt du?«, und rufen »Welcome!«

Als wir das Flüchtlingslager verlassen und zum Bus geführt werden, verlässt Akbar die Position hinter uns. Auf seinem schwarzen Shirt-Rücken wird jetzt in Weiß 194 und in Rot die 8 sichtbar. 1948 soll nicht vergessen werden. An die Vertreibung aus Haifa erinnern die Nachkommen der Flüchtlinge, bis die Demütigung gesühnt ist.

Die Bustür steht noch offen, ein Buchhändler klettert hinein und spricht mit dem Fahrer arabisch. Der reicht ihm das Mikrofon und erlaubt ein paar Worte an uns zu richten. Der Händler aus Nablus-Stadt sagt: »Wir sind friedliche Leute, wir wollen nichts als Frieden. Wir haben nichts gegen die Juden. Wir hassen nur ihre Regierung. Ich habe einen Traum. Ich träume davon, dass meine Kinder eines Tages Präsidenten von Israel werden können.«
Er gibt das Mikro an den Fahrer zurück und steigt aus, während ich meine Sitznachbarin in die schweißnasse Seite kicke. »Träumte Martin Luther King nicht davon, dass seine Kinder zusammen mit Weißen an einem Tisch essen?«

Mahomed sagte zum Abschied: »Die roten Dächer, an denen ihr vorbei-kommt, sind alles jüdische Siedlungen.«
Am Ende der Siedlungen wirft ein bewaffneter Soldat einem Blick in den Bus und winkt uns durch den Checkpoint. Wir fahren ein nach Israel.

Vom Damaskustor, das im arabischen Teil von Jerusalem liegt, laufe ich hinauf zum Jaffator im jüdischen Teil. An der Ecke bleibe ich stehen, lehne mich an eine Brunnenwand und ziehe die Reißverschlüsse auf, um die Hosen-beine von der Shorts abzutrennen. Als ich sie im Rucksack verpackt habe und ihn auf die Schulter schwinge, indem ich mich zur Kreuzung drehe, kommt mir eine orthodoxe jüdische Familie entgegen. Die Frau in wadenlangem Rock und Seidenstrümpfen, um den Kopf ein Tuch, anders gebunden als das der

Musliminnen und auch verschieden von der Art der früheren Kibbuz-
arbeiterinnen. Ich puste, um zu zeigen, wie heiß mir ist, und steige in ein
Taxi. Die Straße in das von dem deutschen Architekten Conrad Schick im 19.
Jahrhundert entworfene Mea Shearim ist gesperrt. In dem Viertel wohnen
fast ausschließlich Ultraorthodoxe. Chassidim stehen vor der Absperrung.
Sie tragen noch dieselbe Kleidung wie vor 200 Jahren in Osteuropa: breit-
krempige Hüte über den samtenen Kippot, Schläfenlocken, frackartige
Mäntel, Kniebundhosen und Kniestrümpfe oder Anzughosen. Alles in
Schwarz bis auf weiße Hemden.

In den 1880er Jahren flohen die Chassidim vor russischen Pogromen nach
Palästina, aus Polen und Litauen im 20. Jahrhundert vor den Nazis, sofern
ein Land die oft armen Frommen überhaupt aufnahm. Alle Nationen erlaub-
ten geringen Kontingenten an Menschen die Immigration, obwohl die Flüchtlinge vom Tod bedroht waren. Vielen gelang die Einreise nach Palästina erst
nach 1945 mithilfe der illegalen Untergrundorganisation *Hagana*. Aus ihr ging
nach der Staatsgründung Israels die Armee hervor.

Ein Teil der Charedim, der Gottesfürchtigen, erkennen den Staat Israel nicht
an, da ihrer Auffassung nach das Gelobte Land so lange ein transzendenter
Ort bleibt, bis der Messias Eretz Israel auf Erden schafft. Die hebräische
Sprache ist ihnen zu heilig, um sie als Alltagssprache zu gebrauchen. Statt
Neuhebräisch sprechen sie das aus dem Mittelhochdeutschen entwickelte
Jiddisch. Das Ideal der Strenggläubigen besteht im lebenslangen Lernen der
Thora – der ersten fünf Bücher Moses – und der mündlichen Überlieferung
seiner Auslegung, des Talmuds. Um ein reines Leben zu führen, verweigern
sie den Militärdienst und setzten in der Knesset Steuererleichterungen und
Subventionen durch. Um die Armut zu mildern, gehen die Frauen arbeiten.
Das zwingt die Männer, sich neben dem Studium der Thora um die Kinder zu
kümmern. Der Einfluss der streng Religiösen in Israel wächst aufgrund ihrer
hohen Geburtenzahl.

Die Männer zwischen 13 und 60 verteidigen heute den heiligsten Tag des
Judentums. Er wird jede Woche gefeiert. Sie stehen einem Straßenpolizisten
gegenüber. Der leitet Autos um, denen die Chassidim zurufen: »Schabbat,
Schabbat!« Ein Fahrer will nicht gehorchen. Die Frommen klopfen auf das
Autodach. Es fährt vorsichtig aber bestimmt an ihnen und der Polizei vorbei.

Daraufhin beschimpfen und bedrängen die Strenggläubigen den Uniformierten. Der stößt einen Jungen, weil der zu aufdringlich wird, der Teenager schubst zurück. Der Polizist bleibt gelassen.

Mein Taxifahrer kommentiert: »Sollen sie nach Hause gehen, um dort ihren Schabbat zu begehen.«

Ich frage: »Widerspricht das Kämpfen nicht den Schabbatregeln? Ist Kämpfen nicht auch Arbeit?«

Der Taxifahrer lacht statt einer Antwort.

Indem ich mich ihm zuwende, streift mein Blick den Rückspiegel. Daran pendelt keine *Hamsa*-Hand. *Hamsa* heißt auf Arabisch fünf. Die Unheil abwehrende Hand stammt aus dem Islam. Juden in islamischen Ländern übernahmen das Symbol. Sein zweiter Name, *Fatima*-Hand, geht auf die jüngste Tochter Mohammeds zurück. Als Einzige erreichte sie das Erwachsenenalter und ist somit Mutter aller Nachfahren des Propheten. Sie wird als sündenfreie Jungfrau, als Mutter aller Frauen im Paradies und Vorbild der irdischen Mütter verehrt. Die Parallelen zur christlichen Marienverehrung werden deutlich.

Im Auto baumelt stattdessen eine Perlenkette aus Olivenholz. Ich schaue nach, ob ein Kreuz anhängt, tut es nicht, folglich handelt es sich um keinen Rosenkranz, sondern um die muslimische Gebetskette.

Wer wissen will, mit wem er es in Israel zu tun hat, beachte die Rückspiegel.

Osterspaziergang im Wald von Jerusalem

Schwarzgraue Krähen werfen im Flug Knochen und Fischköpfe über meiner Terrasse ab. Sperlingsrabauken plustern sich auf, flattern, schreien und kämpfen. Graue Steintauben und zarte, kleine, rostrote Turteltauben gurren. Das Weibchen duckt sich unter die Brust des Männchens und zwickt ein Stück Zweig ab, den er im Schnabel trägt. Den Rest vom Ast hebt er vorsichtig über den Nacken des Weibchens und legt ihn am anderen Ende des Nestes ab. Seine Knopfaugen beobachten mich beim Kaffeekochen.

Das Weibchen legt im Abstand von vier Tagen zwei Eier und verbringt Stunden mit Schlafen und Wärmen, während ich hinter dem Rücken der Taube verstohlen Hühnereier in die scharfe Tomatensoße schlage, um mir ein typisch israelisches Frühstück zu bereiten.

Auf den flaumigen Ästen eines noch unbegrünten Essigbaums, der ausschaut wie das Geweih eines jungen Hirsches, landet ein Schwarm Spechte. Haben sie wie ich den Baum für tot gehalten und voller Maden gewähnt?

Die letzten Monate waren kalt und regnerisch. Die Wäsche trocknet nicht auf dem Balkon vor dem verrosteten Eisengitter. Doch die Abrollgeräusche der Reifen weisen nicht auf Regen hin. Heute werde ich versuchen, durch den roten Matsch zu wandern.

Grüne Papageien stürzen auf den Feigenbaum, dessen Blätter esstellergroß wachsen. Das Kreischen zerstört den Dschungelklang der afrikanischen Bülbüls. Ihre braunen Leiber tragen schwarze Köpfe und gelbe Federn um die Kloake herum. All die Vögel sind im Winter im Land geblieben. Die halbe Million Zugvögel, unter ihnen die großen Storchenschwärme, fliegen im Frühling über den Korridor zwischen Mittelmeer und Rotem Meer. Wegen der ungeheuren Anzahl erfanden die Israelis jene Flugzeugtechnik, die es ermöglicht, automatisch Vogelschwärmen auszuweichen. Denn die Vogelschwärme ließen mehr Militärmaschinen abstürzen, als durch Feinde abgeschossen wurden.

Die katholische Franziskanerkirche Johannes des Täufers spielt ein Lied, das ich kenne, aber nicht benennen kann. Die goldenen Zwiebeltürme der russisch-orthodoxen Kirche antworten dumpf vom gegenüberliegenden Hang. Unter ihr läutet die Visitation-Church. Sie erinnert an die Begegnung zwischen Maria, der Mutter Jesu, und Elisabeth, der Mutter Johannes des Täufers, der hier geboren sein soll.

Ich hieve den Rucksack voll Wasser, Hummus, Pitabrot, Datteln und Auberginen-Mus auf den Rücken und steige unter der langen Mauer des Klosters der Zionsschwestern hinab ins Tal von Ein Karem. Die Quelle, die in der Bronzezeit für die Besiedlung des Ortes gesorgt hat, ist ein winziges Rinnsal, aber das Tal, das das Wasser schuf, ist groß. Das alttestamentarische Bet Kerem ist wahrscheinlich identisch mit dem heutigen Vorort von Jerusalem, in dem Künstler und Studenten leben, der jedoch immer mehr entdeckt wird von Restaurants und Galerien, sodass die Häuser der geflüchteten Moslems höchste Preise erzielen.

An den Hängen hinauf steigen kilometerlange durch Trockenmauern gestützte Terrassen. Über Generationen haben Bauern ihre schmalen Äcker von Steinen befreit und mit ihnen Ebenen angelegt. Sie geben den Olivenbäumen den nötigen flachen Grund, von dem das Wasser nicht abfließen kann. Die Erde unter den Oliven ist morastig rot. Am Ende der Regenzeit wird sie gepflügt. Über die Furchen wächst Klee. Zwischen den gelben Blüten stehen rote Anemonen und wilde lila Alpenveilchen. Vom Regen nass und schwer, sodass sie sich kaum am Baum über der dunklen, zerklüfteten Rinde halten können, hängen zarte weiße Mandelblüten mit rosafarbener Mitte. Sie sind die ersten Fruchtbäume seit den winterlichen Orangen und Zitronen. Schon bald lassen sich die grünen Mandeln pflücken, in Salz tauchen und essen, wem ihr Flaum nicht unangenehm im Mund ist. Nach ihnen blühen und tragen Pflaumen, Bananen, der Wein im Golan und die Datteln, deren Fleisch die Kibbuzniks dicht unter den Palmblättern in Säcke packen, damit die Vögel nicht herangelangen. Die letzten Früchte des Jahres werden die Paradiesäpfel sein. Ich übersehe sie so lange zwischen den Ästen und Blättern, bis sich die Grünlinge verschämt verfärben und rot anlaufen. Dann werden Klee, Senf, wilder Hafer, Veilchen und Anemonen bereits vertrocknet, ja verbrannt auf der Erde liegen. Nur noch die wie mit spitzen Morgensternen bewaffneten lila Disteln werden aus dem versengten duftigen Heu und Stroh herausragen. Auch der gelbe Ginster wird sich gebeugt haben und nichts Zartes wird mehr sein, nur die Dornen, für die das biblische Land bekannt ist.

Durch das Frühjahr zappeln große Schmetterlinge. Im April grüne, im Sommer knochengraue Gottesanbeterinnen sitzen auf warmen sandgrauen Steinen. Sie maskieren sich im Frühling als frische, in der Mitte des Jahres als alte Zweige. Aber ihre Augen verraten das Lebewesen. Es verrenkt den Hals, wenn ich die Kamera niedersenke.

Geckos stieben von den heißen Felsen, drachenartige Eidechsen wetzen die Ölbaumstämme hinauf. Ihre Haut schaut so hell und trocken wie die Mauer aus, und ihre Bäuche schaben über Stroh und Staub.

Ein Schwarm schwarz-weiß-gestreifter Wiedehopfe fliegt mit breit gefächerten Schwänzen über mich hinweg. Ich erschrecke, rutsche auf dem Geröll. Die Schotterpiste wurde nicht zum Wandern angelegt, sondern als Arbeitsstraße zum Bau der unterirdischen Abwasserleitung, die sich durch das Tal zieht und den Quellbach ersetzt hat. Unter mir fließt das Abwasser von Ein Karem und vom Hadassah-Krankenhaus, das auf seinem Hügel über die höchsten Pinien und Zedern hinausragt. In dem Gewirr von Hügeln und Tälern gibt es mir Orientierung, sodass ich nach Ein Karem finde, wo die Turteltauben mich anschauen, wann immer ich die Küche betrete. Ich bin nie allein, wenn ich morgens aufstehe, wenn ich nachts nicht schlafen kann. Knopfaugen sehen nach mir.

Hadassah lautet der andere Name für Ester, die jüdische Königin des Alten Testaments. Sie rettete ihr Volk vor dem persischen Gatten und dessen Ratgeber Haman. Die Amerikanerin Henrietta Szold gründete die zionistische Frauenorganisation Hadassah, die wiederum das gleichnamige Krankenhaus auf dem Berg Skopus im Osten von Jerusalem baute. Dieser Berg war bis 1967 eine israelische Enklave in arabischem/jordanischem Gebiet in Ostjerusalem. Am 13. April 1948, einen Monat vor der Gründung des Staats Israel, wurde ein Versorgungskonvoi auf dem Weg zum Krankenhaus angegriffen. Bei diesem Überfall wurden 77 jüdische Ärzte, Krankenschwestern und Patienten getötet. Daraufhin wurde das Krankenhaus nach Ein Karem in Westjerusalem verlegt. Das ursprüngliche Spital auf dem Skopusberg wurde 1975 wiedereröffnet.

Hadassah pflegt zugleich die Wanderwege im Wald von Jerusalem und stellt an Kreuzungen Kästen auf, aus denen sich der Wanderer mit Karten bedient.

Ich bleibe kurz stillstehen, den Blick auf das Krankenhaus gerichtet in Gedenken an die Opfer des letzten Bombenattentats am Busbahnhof. Noch einmal spüre ich die Bewegung unter den Füßen, die durch den Boden des Busses ging. Obwohl ich zum ersten Mal eine Detonation erlebte, wusste ich sofort, dass es eine Bombe war. Im Bus blieben alle still. Draußen kamen Menschen von der Stelle des Anschlags über die Straße gelaufen, umgekehrt liefen Menschen zum Ort des Geschehens. Ich schaute nicht hin, starrte geradeaus, wie ich es mir für solch einen Fall vorgenommen hatte, lange bevor ich Israel bereiste. Mir war die Gefahr eines lebenslangen Traumas bewusst, darum wollte ich vermeiden, zerrissenes Menschenfleisch zu sehen. Geradeaus hoben die Leute Handys an die Ohren. Vom Haltestellenhäuschen löste sich ein Mann, trat auf den Bordstein, drehte sich zu den Mitbürgern um, breitete die Arme aus, wohl um zu sagen, sie sollten nicht auf die Straße laufen, damit der Verkehr fließen kann und die Krankenwagen durchkommen. Ich konnte ihn nicht hören, der Busfahrer schloss schon die Türen und fuhr los. Immer wieder schaute er in den Spiegel, vielleicht, um festzustellen, ob wir uns normal verhielten. Ich meinte seinen Blick auf mir verharren zu sehen, als mir die Tränen kamen. Womöglich prüfte er, ob ich ruhig bliebe. Ich versuchte sogar noch mehr Ruhe herzustellen, indem ich die Hände vor die Ohren hielt. Ambulanzen rasten am Bus vorbei. Martinshörner waren bis in mein Heim zu hören, in das die Bewohnerin nach der Arbeit zurückkehren durfte, anders als diejenigen, die jetzt dort oben lagen, weil zufällig ihr Bus gesprengt worden war und nicht meiner. Die Verwundeten hatten mir zu nahe gelegen. Gut, dass ich sie nicht sehen musste. Gut, dass ich den Blick aus den wüstensandverstaubten Fenstern auf die Bäume richten konnte, die sich so sehr abmühen, ihre großen Blätter aus den Ästen zu treiben. Gut, dass ich den Teppich sehen durfte, den ich mir für Liegestütze, Wärme und Schalldämpfung im drei Meter hohen Gewölbe des Zimmers gekauft hatte. Gut, dass ich mich mit Bochumer Bettwäsche zudecken konnte. Gut, Deutsche zu sein. Als junges Mädchen wollte ich alles sein, nur das nicht. Mein Doktorvater wies mich daraufhin, dass man durch Reisen nicht nur einen anderen Blick auf fremde Länder, sondern auch auf das eigene bekäme. In Amerika lernte ich, das deutsche Sozialsystem zu schätzen, in Israel die Sicherheit zu genießen.

Ich drehe mich zum weißen Weg inmitten des sanften, saftigen, leuchtenden Farbenteppichs von Rosa, Rot, Lila, Blau, Gelb, Grün um und sauge den Duft der Mimosen ein. Das heißt leben. Der dumpfe Knall der Bombe verlässt die Ohren, sie werden frei für das feine Knistern und Lispeln der Piniennadeln, die sich aneinander und an den Zapfen reiben. Öfter wende ich mich um und schaue über den gleißenden Weg, weil ich das leise Geräusch für menschengemacht halte. Die Sonne heizt das Harz und intensiviert den Geruch. Ich muss mich tief bücken, um den wilden Anis, Salbei, Thymian und Rosmarin zu riechen, die ich fürs Abendessen pflücken will. Ich stopfe das Kraut in die linke Tasche der Trekkinghose, den Lavendel in die rechte, sodass ich links dufte wie eine Pizzeria, rechts wie Omas Schlafzimmerschrank.

Eine flatterhafte Bewegung im Schatten eines Maulbeerbaumes, dessen Früchte wie langgewachsene Brombeeren ausschauen, zieht meinen Blick in das Dunkel, in dem ich nichts erkennen kann. Bis sich daraus Blauschwarzschillerndes bewegt und zum Eukalyptusbaum fliegt. Wüsste ich nicht, dass es ein Sunbird ist, hätte ich wie jeder Ausländer geglaubt, der Stahlblaue wäre ein Kolibri. Er bleibt aber nicht fliegend auf der Stelle stehen, um zu saugen, sondern setzt sich bequem hin und schaut, was der Orient an Leckereien zu bieten hat.

Ich folge dem Jerusalem-Trail an einem grünen und gelben Tal entlang, das durch eine Staumauer begrenzt ist. Der See ist entweder ausgetrocknet oder unter die Erde verlegt, um Verdunstung oder mutwillige Verschmutzung zu verhindern. Durch die letzten Pfützen rasen laute Quads. Um sicher zu gehen, laufe ich das Bachbett hinauf, doch es bleibt leer. Auch der Jordan führt bereits so wenig Wasser, dass das Taufen schwierig wird. In Zukunft soll das Trinkwasser per Tankschiff aus der Türkei importiert werden.

Über mir hängen jetzt der Militärfriedhof und die Autobahn zwischen Tel Aviv und Totem Meer. Auf der anderen Hügelkuppe liegt eine Siedlung, von der ich nicht sagen kann, welchen Status sie besitzt. Strom, Wasserleitungen und Busverbindungen sind vorhanden, folglich ist sie vom Staat akzeptiert.

Ich kehre um, da kein Wasser mehr zu erwarten ist, und im Jerusalemer Wald sollen Palästinenser lauern. Zwei amerikanische Touristinnen sind dort erstochen worden. Die Gefahr mag übertrieben werden. Sooft ich in ihm wanderte, habe ich nicht einmal Araber darin gesehen, geschweige denn bewaffnete.

Eines Tages schaukelt ein alter Mercedes die Schotterpiste entlang. Vom Rückspiegel baumelt wegen der Schlaglöcher heftig eine Gebetskette. Aus dem Wagen steigen drei beleibte Moslems, die Salbei für den schwarzen Tee pflücken und sich freuen, dass ich freundlich grüße. Das einstmals traditionelle Pflücken der wilden Kräuter ist heute verboten.

Bewaffnet sind auf den Wanderwegen die Schlusshüter der Schüler- und Scoutgruppen. Sie tragen keine Uzi wie Soldaten, sondern Gewehre mit Holzschäften.

Wenn das Kindergeschrei der Pfadfinder vorbei ist, steige ich den Berghang hinauf in verbrannten Wald. Er wird von Christen aufgeforstet. Ich ramme eine Fußspitze in die heiße trockene Erde, als ich am Stamm einer Pinie zwei Hörner finde. Unter ihnen hat der Schädelknochen dieselbe Farbe angenommen wie der helle Staub. Brandspuren sind zu sehen, die Ziege kann nicht nur von Rauch und Feuer umgekommen sein, sie muss bis auf die Knochen verbrannt sein. Ich stelle den Schädel auf die Wasserpipeline, die das Hadassah-Krankenhaus versorgt, da ich den Totenkopf nicht mitnehmen will. Ein anderer Wanderer wird ihn haben wollen. Weiter geht der Weg durch wilde Kornfelder – oder sind es die Überreste handgesäter Felder früherer arabischer Einwohner? Der Hafer ist durchsetzt von meterhohen blauen Disteln, palästinensischen Butterblumen, knospenden roten Nelken, sternförmigen Gräsern, riesigen Pusteblumen und verwunschenen Gewächsen. Vor meinen Fußsohlen fliehen grüne Heuschrecken.

Dort oben liegt ein uraltes arabisches Dorf in Ruinen. Zu sehen sind Zisternen, teils ausgetrocknet, teils von Kindern zum Baden benutzt. Der Berg steckte einst voll Quellen, heute sind die Rinnen leer. Ich krieche in gebückter Haltung in Höhlen hinein, durch deren Decken Pinien ihre Wurzeln strecken. Andere Höhlendecken erscheinen geschwärzt von Lagerfeuern. An ihnen wärmten sich erst Hirten und Schäfer, später Guerillakämpfer. Mühlsteine liegen herum, Ölpressen lassen sich ausmachen, wenn man weiß, wonach man sucht. Einzelne Gebäude deuten an, wie dünn das Land besiedelt gewesen war. Die winzigen Dörfer, die nur je eine Sippe beherbergten, lagen weit genug auseinander, um dazwischen Platz für Hafer, Weiden, Oliven- und Obstterrassen zu bieten, und um nicht zu viel Wasser zu verbrauchen. Es stimmt also nicht ganz, dass die Araber, die hier lebten, nichts aufgebaut hätten, nur waren das keine modernen Städte, keine maschinenbetriebene Landwirtschaft mit Tröpfchenbewässerung. Stattdessen das, was wir heute vielleicht ökologische Bewirtschaftung nennen und ein Dasein in und mit der Natur. Das Leben in den Hügeln von Jerusalem war ein stilles, mühevolles und der Umwelt angepasstes.

Ich frage mich, wo sie ihre Toten begraben haben. Brachten sie sie bis zum Friedhof am Löwentor an der Stadtmauer von Jerusalem gegenüber dem Ölberg? Oder begruben dort nur die Bürger, nicht die Bauern?

Ich suche den Hang nach oben und unten ab. In beide Richtungen fällt mein Blick auf Siedlungen. En Tamar ist umringt von Ställen, aus ihnen dringt Hühnerlärm. Im Zentrum stehen ockerfarbene Häuser mit roten Ziegeldächern. Auf neuen, schwarzen, breiten Straßen können Kinder prächtig spielen. Die einzigen Autos parken unter Palmen.

Es ist Schabbat, zudem auch noch Pessach. Aus einer unscheinbaren Synagoge wehen zwei weiße Männer und leuchten auf ihrem beschwingten Weg wie wandernde Lilien im wallenden Grün des Grases und des hellen Klees. Die jungen Männer kehren zu ihren Zelten zurück, wo die Frauen warten. Viele wandern jetzt eine Pessachwoche lang durch die frische Natur über den Israel-Trail. Der Weg durchzieht das Land von den Golan-Höhen bis nach Eilat am Roten Meer.

Chag Sameach, grüßt ein Kind in weißem Kleidchen und geht vorbei. *Chag Sameach*, wünsche ich den Eltern, die den Pessachspaziergang sichtlich genießen, einen fröhlichen Feiertag. Osterstimmung durchflutet mich, ich hebe den Blick zu dem Himmel, von dem man sagt, wer ihn nicht gesehen hat, der weiß nicht, was Blau heißt.

Ich tauche unter tiefhängende Äste. Dornen spielen den Hang hinauf Bürgerwehr für eine neue Siedlung. Meine Trekkingsandalen kämpfen sie nieder. Die geringfügigen Blessuren gestalten meine Wanderwerkzeuge zu Kinderbeinen. Blauweiße Girlanden zieren Rohbauten. Junge moderne Paare beschauen sie, planen, was daraus werden könnte, überlegen, ob sie kaufen wollen. Ihre

Makler fahren in dicken Geländewagen vor. In der Siedlung befindet sich ein Restaurant, ein Laden, eine Bäckerei und ein Bauer. Ich entdecke verbotene Hühnerhaltung. Sind die Hühner passend groß für die Käfige gezüchtet worden oder die Käfige in derselben Größe wie die Hühner gebaut worden? Die weißen Tiere mit rosa Hauben und Füßen sind übereinander und hintereinander gestapelt, sodass einer dem anderen die Schwanzfedern ausreißen kann, ohne dass sich das Vorderhuhn herumzudrehen vermag. Ich höre auf, das Vieh zu fotografieren, als ein Junge vorbeikommt, der seinen Hund Gassi führt. Ich denke an meine Turteltaubenmutter. Sie schaut unter sich und sieht hautüberzogene, schwarze Augen, nasse gelbe Federkiele auf eingefallener grauer Haut, einen unförmigen Schnabel, der nicht fordert, nicht piept, nicht pickt, sondern animiert werden muss aus dem Kropf zu fressen.

Erst als ich vor einem zwei Meter hohen Metallzaun stehe, erkenne ich, dass ich gefangen bin. Die Bewohner der Siedlung schützen sich vor Anschlägen, indem sie sich selbst einsperren. Ich wandere am Zaun entlang, bis ich eine Tür finde. Sie lässt sich öffnen, ich atme auf, als ich sie von außen wieder schließe. Warum ziehen Menschen in selbstgebaute Gefängnisse unter der Gefahr, dass sich der Hass früherer Besitzer gegen ihr Dasein richtet? Diejenigen, die ich hier sah, sind junge Leute, die ein preiswertes Grundstück suchen, auf dem sie ein eigenes Haus bauen. Sie können die Preise in den teuren Städten nicht zahlen. Andere fliehen mit den Kindern aus der Stadt und träumen von einem Leben auf dem Land. Es gibt wenige Mietwohnungen in Israel. Üblich ist es, dass Eltern und Schwiegereltern den Kindern Wohnungen kaufen, wenn diese heiraten. Wer das nicht zu bezahlen vermag, nimmt einen Kredit auf. Wer sich auch den nicht leisten kann, sucht eine billigere Möglichkeit.

Erneut steige ich zum Kamm der Hügelkette, gebeugt unter intensiv duftenden Passionsfrüchten. Sie werden von Bienen italienischer Herkunft angeflogen. Zumindest hat mir Meir Schwarz erzählt, Israel habe nach dem Sechs-Tage-Krieg keine eigenen Honigsammler mehr besessen. Die Araber hatten ihre Äcker zurückgelassen, die Erdkruste hatte sich verhärtet, war überschwemmt worden, trocknete wieder, brach auf. Zwischen die gebrochenen Schollen legten Hornissen Eier, die alle schlüpften, weil niemand pflügte. Die

zahlreichen Hornissen fraßen die Bienen. Die verbliebenen Felder und Obst-
plantagen wurden nicht bestäubt. Das war schlimmer als der Honigmangel.
Bienen mussten eingeflogen werden.

Ob die Biene, die vor den italienischen die Blüten Israels bestäubt hatte, eine
Ureinwohnerin gewesen war, ist fraglich, seit Archäologen belegen, dass
1000 Jahre vor Christus anatolische Honigproduzenten über den Handels-
weg eingeführt worden waren.

Auf dem Hügelkamm krieche ich unter den duftenden Bäumen hervor. Aus
dem Tal weht ein kühler Wind herauf und trocknet den Schweiß. Ich wandere
bis auf den viel befahrenen Herzlberg, um von dort nach Ein Karem abzustei-
gen. Auf der Hügelspitze liegt Yad Vashem. Unter dem Gebäude verläuft ein
Wanderweg, der das Gegenteil des Grauens zu sein scheint, das oben gezeigt
wird, denn er ist voller Leben. In ihrer drolligen Art rennen braune Stein-
hühner mit schwarzen und weißen Rallystreifen kreuz und quer über den
steilen Staub- und Steinpfad und geben lustige Geräusche von sich, wenn sie
unter den Zedern die Köpfe einziehen und verschwinden.
Ich denke an die Turteltaubenküken. Sie setzen Flaum an. Weiße Flugfedern
wachsen. Die Elterntiere finden kaum noch Platz, auf den Kindern zu sitzen.
Öfter und länger bleiben sie aus und lassen die Küken allein schlafen.

Der 28er-Mercedesbus der Gesellschaft Egged fährt oberhalb vorbei, ich
hätte fahren können. Und ich denke, das hätte ich tun sollen, als ich den
ockerfarbenen Geröllweg zwischen Mimosen und Ginster einsehen kann.
Denn alle zig Meter wartet ein junger Soldat.
»Verdammt«, sage ich leise, »was ist hier los. Wärste besser …«
Einer der Jungs steht grün getarnt in einer Gruppe Pinien. Er muss mich gehört haben. Die nächsten grüßen freundlich. Mit Erreichen des Talgrundes
verschwinden die am Weg Stehenden. Dafür sehe ich etwas Kleines, das sich
reger bewegt als die Militärs. Die Bewegung fängt meinen Blick sogleich ein.
Dabei ragt das am Wegesrand nicht höher auf als ein dicker Stein. Bald komme ich nahe genug, um an den vier Beinen ein Lebewesen zu erkennen, da
renne ich schon hin. Denn sind die Körperteile als solche erst erkannt, zeigt
sich gleich, um wessen Gliedmaßen es sich handelt, und von dort ist es ein

Gedankenhüpfer, um zu wissen, dass solche Beine nicht in der Luft strampeln dürfen.

Ich drehe das Tier rasch um, setze es ins Gras und bleibe eine Weile bei ihm stehen, um zu sehen, ob es noch einmal aus dem Panzer herausschaut. Die Schildkröte atmet schnell, wie ich sehe, als sie die Extremitäten um ein Weniges herausstreckt. Am Schild verläuft eine feuchte Spur. Sie muss Angst ausgestanden haben, möglicherweise eine Form von Wissen um den bevorstehenden Tod, denn sie hat in die Schale ihres Hornes uriniert, bis diese übergelaufen war. Jetzt beruhigt sie sich allmählich und beginnt in das tiefere Gras mit den sternförmigen Spitzen zu laufen.

Ich schaue mir den Platz an, an dem sie gelegen hat. Die herumliegenden Steine sind nicht hoch genug, als dass die Kröte Schlagseite hätte bekommen können, wenn sie mit einem Vorder- und einem Hinterbein hinaufgeklettert wäre. Und das ist die einzige Möglichkeit, die ich konstruieren kann. Fielen Schildkröten derart leicht um, gehörten sie bestimmt nicht zu den ältesten Arten unseres Planeten. Da hat jemand nachgeholfen.

Ich trample auf den Pfad, dass der Staub aufstiebt und eine kleine schwarze Schlange erschrocken davoneilt. Auch die kleinen gelben sind giftig, nicht jedoch die großen Schwarzen, die, so erzählte mir Meir Schwarz, früher gern als Wachpersonal im Vorgarten gehalten wurden. Denn sie sind zwar harmlos, klappern aber, wenn Besuch kommt.

Heute gibt es kaum noch Schlangen. Entweder sind sie getötet worden oder der Lärm und das permanente Vibrieren des Bodens, in den die Baumaschinen bohren, über den die Fahrzeuge rasen, hat sie vertrieben. Daher wissen die Kinder nicht mehr, dass kleine Schlangen gefährlich sind, große jedoch ungiftig.

Ich eile auf die Straße in der Ahnung, meinen beiden Turteltaubenküken drohe Gefahr. Nicht von unten, nicht von Schlangen oder den vielen Katzen, die sich aus den Containern ernähren und von den Nachbarn gefüttert werden, sondern von oben, vom Baum der großen schwarzen Schoten. Da sitzt ein Eichelhäher dicht vor der Taube, greift unter ihren Bauch und holt sich ein Stückchen Haut vom Küken. Ein Bülbül hockt dabei und schreit. Das Muttertier bleibt tapfer sitzen, obwohl ihr Herz sichtlich im rotbraunen Hals pocht und sie den Schnabel aufreißt, um Luft zu schnappen. Schreiend renne ich in die Küche und fuchtle vor dem Fenster. Ich greife ein Kissen, laufe auf die Terrasse und werfe das Kissen nach dem Häher. Der fliegt ohne Beute davon. Der Bülbül begleitet ihn.

Am Morgen zupft der Vater an dem glänzend Roten und trägt das Gedärm aus dem Nest. Es hat keinen Sinn mehr, die Haut zu wärmen, die sich nicht bewegt. Sie nimmt dem wachsenden zweiten Küken den Platz weg. Ich wage kaum das Haus zu verlassen, um zur Arbeit zu fahren.

Am Abend ruft mich mein Mitbewohner im Nachthemd aus dem Zimmer in die Küche und zeigt stumm auf den Eichelhäher und das leere Nest. Der Häher steigt mit leerem Schnabel auf und fliegt davon. Ich renne auf die Terrasse, auf Flipflops die Treppe hinunter. Forsche vorsichtig im dichten trockenen Gras. Schaue auf, suche die direkte Falllinie vom Nest aus. Und finde grauen Flaum im Dorngebüsch auf zwei Meter Höhe. Ich laufe die Stufen hinauf, hole den Klappstuhl, stelle ihn in das unebene Stroh, klettere in die Dornen und pflücke den halbfertigen Vogel vom Ast. Seine Füße lassen nicht los, ich muss jede Kralle einzeln aufbiegen, ohne mich festhalten zu können. Einhändig hinuntersteigen muss ich und mir den Kopf zerzausen lassen von Dornen, doch den Vogel triumphierend zwischen den Fingern, aus denen Flügel und Füße ragen. Ich stecke das Hautige ins Nest zurück und hoffe, dass die Eltern wiederkommen, während ich einen winzigen Blutstropfen von der Hand wasche.

Die Spatzen suchen ihren Schlafplatz auf. Ich krieche ins Bett.

Am Morgen wache ich von einer Diskussion unter grünen Finken und Papageien, schwarzen Amseln, bunten Spechten und braunen Bülbüls auf. Ich taumle in die Küche, nicke der Turteltaube zu und koche Kaffee. Die rotbraun Schillernde scheint zurückzunicken und zu glauben, für die nächsten vier Stunden werde ich auf das Kleine aufpassen, denn langsam bereitet sie sich durch Herumgehen auf den Gitterstäben auf den Abflug vor. Das Küken ist es nun, das mich beim Spülen beobachtet. Manchmal schläft es dabei ein. Ein anderes Mal animiert meine Arbeit das Halbstarke, auf den Eisenstäben herumzuklettern und die Flügel zu bewegen, wenn es schwankt und droht, das Gleichgewicht zu verlieren.

Eines Tages komme ich aus dem Institut und es ist fort. Ich lasse die Tasche fallen, renne auf die Terrasse, auf Stöckelschuhen in den Garten, passe auf, dass ich mit den Stöckeln nicht das Küken aufspieße. Drehe alle Grashalme um, kontrolliere jeden Ast.

Ich rede mir ein, es ist flügge geworden und öffne eine Flasche Wein. Die Abende sind endlich lau, die Morgende warm, ich fühle mich einsam.

Da höre ich das Gurren. Sanft, lockend, dringlich. Vom Feigenbaum her. Und vom schmalen Vordach über dem Küchenfenster. Dort schimmern Krallen durch das gelbe Plastik. Der schillernde rotbraune Hals beugt sich über den Rand hinab, die Knopfaugen mustern mich. Ich lache sie an. Das andere Tier hüpft auf die Gitterstäbe und geht die Fensterbank entlang. Sie suchen ihr Kind.

Zeigen mir, dass es nicht flügge geworden ist. Sie stehlen mir die Möglichkeit, mich zu betrügen.

Yad Vashem
Hand und Name

Yad Vashem bedeutet Hand und Name. Das architektonisch beeindruckende moderne Bauwerk auf dem Har Hazikaron (Berg des Gedenkens) in Jerusalem stellt das berühmteste Holocaustmahnmal und -museum der Welt dar. Der Boden des Gebäudes ragt über die Spitze des Hügels hinaus. Es schaut aus, als fiele das aufragende Dreieck beizeiten hinunter und reiße Pinien, Zypressen, Mimosen und Ginster mit sich ins Tal von Ein Karem.

Die Volontäre von *Aktion Sühnezeichen Friedensdienste* bekommen eine eigene Führung. Im kommenden halben Jahr, manche von uns bleiben das ganze Jahr, werden wir für Menschen arbeiten, deren Familiengeschichte in der Ausstellung Spuren hinterlassen hat.

Ein junger Mann verteilt Kopfhörer und Empfangsgeräte. Wir nehmen an, dass auch er Volontär unserer Organisation ist. Seine Jugend, seine Kleidung und seine Sprache lassen darauf schließen. Erst am Ende der Führung erfahren wir, dass er die doppelte Staatsbürgerschaft besitzt, Nachfahre deutscher Juden ist und dauerhaft hier arbeitet.

Da wir alle die Geschichte gut kennen, kann Uriel Kashi viele Fakten weglassen und uns in die Konzeption der Ausstellung einführen. Früher, sagt er, habe das Museum Massen von Opfern und Monstern von Tätern gezeigt. Die Besucher hätten unter dem Grauen gelitten, jedoch wenig von den Ursachen verstanden. In diesen Tagen interessiere man sich eher für einzelne Personen sowohl unter den Opfern als auch unter den Mördern. Das Ziel bestehe darin, menschliches Verhalten zu verstehen. Wer waren die Opfer? Und wie konnte jemand in Auschwitz Dienst tun?

Der Gang beginnt mit einem physischen Abstieg. Der Teppich endet, wir betreten harten, abschüssigen Betonboden. Es wird dunkler. Am Rande des Weges leuchtet ein Schaukasten auf. Ein Foto zeigt einen Berg halbverbrannter Leichen. Russische Militärs hatten das Feuer gelöscht, bevor die Menschen vollständig verbrannt waren. In ihren Taschen fanden die Soldaten Hinweise auf die Identitäten der Opfer. Einer trug das Bild seiner Frau bei sich. Ein zweiter ein Hochzeitsfoto. Ein dritter die Eintrittskarte für sein Stadion. Diese Halbverbrannten erzählen uns, was ihnen im Leben wichtig war.

Wir steigen tiefer hinab in die Dunkelheit, um die Anfänge des Antisemitismus auszumachen. Am Straßburger Münster findet sich die Statue einer Synagoga. Eine formvollendete, edle und in der Trauer über ihre Niederlage gegenüber der Ecclesia (Kirche) hoheitsvoll dargestellte Frauenfigur (entstanden um 1230). Die verbundenen Augen symbolisieren die Blindheit des Unglaubens, ohne die Juden damit zu verspotten. Sie erklärt die Ansicht der christlichen Kirche, das Judentum sei blind, Jesus Christus nicht als Messias zu erkennen und die wahre Religion nicht anzuerkennen.

An 30 weiteren mittelalterlichen Kirchen findet sich jedoch die steinerne »Judensau«. Sie wurde von den Nationalsozialisten aufgegriffen. Das Schwein wurde gewählt, da es den Juden als unrein gilt und nach Altem Testament nicht verzehrt werden darf. Auch verbietet die Thora Intimität zwischen Mensch und Tier. Umso beleidigender wirkt die Darstellung. Sie diente zur Verspottung, rief zur Abgrenzung und zum Handeln gegen Nicht-Christen auf.

Die Aufklärung ändert wenig am Antisemitismus. Der Staat emanzipiert zwar das Judentum, in der Folge dürfen Juden bürgerliche Kleidung tragen, die Gettos verlassen und Universitäten besuchen. Doch das christliche Bürgertum neidet und missgönnt den Juden Wohlstand und Bildung. Der Roman des Bestsellerautors Gustav Freitag „Soll und Haben" aus dem 19. Jahrhundert kontrastiert den ehrlichen deutschen Kaufmann zur Karikatur des bürgerlichen Juden. Bereits sein Name klingt wie ein Veitstanz, sein Wesen ist dunkel, gebeugt, sich windend und verschlagen. Natürlich ist er der Verlierer und verschwindet in der Bedeutungslosigkeit.

Anfang des 20. Jahrhunderts verbindet die völkische Propaganda diese hässliche Vorgabe mit der Angst vor Armut und Arbeitslosigkeit und mit der Demütigung durch den Versailler Vertrag. Die deutsche Schuld am Ersten Weltkrieg war nicht aufgearbeitet worden und die Selbstübersteigerung ungebrochen. Im Wahlkampf wird der Jude zum brutalen Kapitalisten stilisiert. Er setzt den Stiefel auf den Nacken des edlen deutschen Arbeiters oder gleich auf den europäischen Kontinent. Um die rassische Ideologie unterzubringen, überzeichnet die NSDAP nur noch krasser: Ein Pferdefuß, ein Schwanz, der Jude steckt sich ein weißes Baby ins Maul und macht sich an eine blonde Jungfrau heran. Wir schütteln die Köpfe und zucken die Schultern: Wie konnten solche Plattheiten wirken? Die Nationalsozialisten griffen die mittelalterliche Judenhetze der christlichen Kirche auf. Nur Hostien-schändung und Brunnenvergiftung tauchen nicht mehr auf.

Dieses Bild vom Juden wurde den nationalsozialistischen Behörden zum Problem. Denn um sie zu enteignen, zu vertreiben, zu deportieren, musste man Juden erst einmal erkennen. Wie erkennt man sie? Uriel macht eine Pause. Er meint die Frage ernst. Wir schauen uns gegenseitig an und lachen verlegen. Was fragt er uns, wir stehen darüber, wir wissen, dass wir alle gleich aussehen. Aber Uriel lässt nicht nach. Und uns fällt auf, dass das, was wir in den Köpfen tragen, ebenfalls bloß anerzogen ist. Also denken wir ernsthaft nach und versuchen uns zu erinnern.

Wir kommen aus einem Land, in dem es kaum noch Juden gibt. In den letzten Tagen sind wir durch Jerusalem gelaufen. Streng Orthodoxe, deren Vorfahren aus Osteuropa stammen, tragen breitkrempige Hüte, Schläfen-locken, schwarze Mäntel. Andere Religiöse tun uns den Gefallen, eine Kippa aufzusetzen, um sich gegenüber Gott zu begrenzen und sich von uns identifi-zieren zu lassen. Die Nichtreligiösen sind nicht von Touristen oder Arabern zu unterscheiden. Den ehemaligen Offizier der israelischen Armee, Krämer, der gekommen war, um uns über den Nahostkonflikt zu informieren, hielten wir für ein Organisationsmitglied aus Berlin. Ein ehemaliger Kassenwart der Arbeiterpartei, der uns das parlamentarische System in Israel erklärt hat, sieht aus und redet wie eines meiner Ortsvereinsmitglieder in Bochum. Deut-sche Juden trugen deutsche Namen und keine Kippa. Was sollte die natio-nalsozialistische Regierung tun?

Sie erfand den Ariernachweis. Jeder, der ein jüdisches Mitglied in seiner Ahnengalerie besaß, war Voll-, Halb- oder Vierteljude.

An der tiefsten Stelle der Ausstellungsräume finden wir die bekannten Bilder von Flüchtlingen, die in keinem Land der Welt aufgenommen wurden, es sei denn, sie konnten zahlen. Das waren Wenige, und auch den Wenigen stahl der deutsche Staat jeglichen Besitz. Dem Pöbel schien es gut zu tun, Nach-barn auf den Gehsteigen knien und die Platten mit Zahnbürsten putzen zu sehen. Warum, fragen wir uns. Woher die Lust zur Demütigung, woher die Wut und der Hass? Die Weltwirtschaftskrise fällt uns ein und wir bekommen die Bilder der Armut zu sehen. Aber warum haben sich unsere Vorfahren einreden lassen, die Juden seien schuld daran?

Warum nicht, frage ich mich, wenn die Desinformation von Interessenvertretern, die Medien kaufen konnten, gut gesteuert wurde? Hatten sich nicht Industrielle und ostpreußische Adelige aus der Angriffslinie bringen müssen, nachdem sie als Kriegstreiber und Kriegsgewinnler entlarvt worden waren? Und funktioniert ein solches Vorgehen, der Aufbau eines Feindbildes, nicht auch heute?

Ich werde aus meinen Gedanken gerissen. Uriel unterbricht die Führung. »Ich sehe, wie angestrengt ihr mir zuhört und wie sehr euch das mitnimmt. Ich schlage vor, wir machen eine Pause, ihr trinkt was und erfrischt euch.«
Beim Gang zu den Wasserspendern und zu den Toiletten vermeiden wir den Blickkontakt untereinander.

Nach der Pause setzt uns Uriel mit dem Rücken zu einer Leinwand, auf der Uniformierte nackte Frauen erschießen. »Ihr braucht euch das nicht anzusehen«, sagt er, »das kennt ihr alles. Lasst uns lieber fragen, wer der Mann war, der die Frauen- und Kindstötungen vorgenommen hat. Hier seht ihr Täterfotos. Dahinter befindet sich je eine Klappe. Hinter der findet ihr Dokumente, die Aufschluss über die Personen geben. Von diesem hier auf der Leinwand ist uns ein Brief an die Familie überliefert. Darin schreibt er:

»Liebe Mami, liebe Kinder,
… Es ist im Grunde eine Charakterschwäche, den Anblick von toten Menschen nicht aushalten zu können. Der beste Weg darüber hinwegzukommen ist, es öfter zu tun. Dann wird es zu einer Gewohnheit …
Wir haben großes Vertrauen in den Führer, und dies gibt uns die Stärke, schwierige und undankbare Aufgaben zu leisten …
Ihr verdient meine besten Wünsche und meine ganze Liebe
Euer Papa«

Nach all den Jahren des Studierens denke ich wie wenige Sätze doch notwendig sind, den Nationalsozialismus zu erklären. Der Glaube an Autoritäten, die materielle Sorge um die Familie. Das gibt es immer noch, überall. Aber kann man jeden zum Töten erziehen?

Ja, gebe ich mir die Antwort. Jeder lässt sich dressieren wie ein Haushund. Jeder führt Befehle aus, wenn er Geld oder Ansehen dafür bekommt. Jeder gewöhnt sich an seine Schuld. In einem guten System ist es nur die Schuld an Umweltverschmutzung, Arbeitslosigkeit oder Krankheit unbekannter Mitbürger.

Uriel lässt mir keine Zeit, zu Ende zu denken. »Nicht nur die Täter waren differenzierte, doppelseitige Menschen«, sagt er, »ebenso die Retter, die wir ehren.« Er weist auf den letzten Teil der Ausstellung und auf die Reihe jener, die der Staat Israel für ihre Rettungen ausgezeichnet hat. »Oskar Schindler kennt ihr alle. Er war Mitglied der NSDAP, Kriegsgewinner und Profiteur der jüdischen Enteignung, Hedonist und Spieler. Aber ihn widerte die Behandlung der wehrlosen jüdischen Bevölkerung an, seine materiellen Interessen traten hinter dem Ziel zurück, so viele Juden wie möglich zu retten. Am Ende seiner Entwicklung war er bereit, nicht nur sein Vermögen, sondern auch sein Leben für dieses Ziel aufs Spiel zu setzen.«

Uriel wendet sich einer anderen Biografie zu. »Dieser Mann war ein einfacher Bauer. Auf seinem Hof versteckte er über ein Jahr einen flüchtigen Juden unter den Holzbohlen des Fußbodens. Der Flüchtling erzählte, er habe jeden Abend mit anhören müssen, wie der Bauer seine Frau schlug. Er habe sich gefragt, warum solch ein schrecklicher Mensch sein Leben riskiert, um ihm zu helfen«.

Uriel kommt zu dem Schluss: »Man kann über keinen Menschen sagen, wie er sich in einer ungewohnten Situation verhält. Der liebe Familienvater kann zum Mörder werden, der schlechteste Kerl zum Retter.«

Mit dieser Mahnung und Hoffnung für uns selbst steigen wir auf. In der erhöhten Ferne strahlt die israelische Sonne ins Panoramafenster. Wir bleiben einen Moment vor den Familienfotos der Israelis stehen. Was taten die Überlebenden?

Sie versuchten zu leben. Nicht allen gelang das. Viele begingen Selbstmord, da sie die Demütigung nicht ertrugen oder weil sie sich schämten, als einzige ihrer Familien überlebt zu haben. Andere, die es schafften, heirateten und bekamen Kinder.. Viele Kinder, wenn möglich, sechs Millionen. Das ist ihr Sieg über Adolf Hitler.

Unter Juden wie unter Arabern ist die Familie wesentlich wichtiger als in der westlichen Welt. Folglich gibt es unzählige Familienfotos. Auffällig ist das Fehlen einer alten Generation darauf.

Wie in Deutschland wurde die Vergangenheit in Israel verschwiegen. Aber sie lässt sich nicht ausmerzen. In Form von Traumata wird sie in beiden Ländern von Generation zu Generation weitergegeben.
Doch der Boden steigt an und wird weiß unter unseren Füßen. Weiß wie der Kalkstein von Israel. Als wir oben ankommen, öffnet sich der Blick über die grünen, pinien- und zypressenbewachsenen Hügel von Zion. Niemand von uns, wo er politisch auch steht, mag in diesem Moment dem jungen jüdischen Volk Eretz Israel missgönnen.

Tel Aviv
Hügel des Frühlings

Ich ziehe die Kapuze vom Kopf, um das Sichtfeld zu erweitern. Dieses lebenslange Bedürfnis, alles von Anfang bis Ende zu überblicken! Von Horizont zu Horizont reicht der Strand. Ihn zu queren ist anstrengend. Keine Rede davon, ihn von einem bis zum anderen Ende abzuwandern. Er schwingt sich mit Unterbrechungen von Aschkelon, nördlich von Gaza bis Rosch haNikra vor der libanesischen Grenze. Ich lasse den Kopf hängen, wie so oft, wenn ich nicht tun kann, was ich will. Wieder werde ich eine Wahl zwischen zwei Möglichkeiten treffen müssen, die beide nicht vollkommen sind. Ich will die ganze Küste ablaufen, muss mich aber für ein Stück Norden oder eine Strecke Süden entscheiden.

Meine weißgelben Turnschuhe passen perfekt zu den blassgelben Sandkörnern. Weißer Schaum leckt an den Gummisohlen. Meine Spuren sind die einzigen im Sand. Der Regen hat Löcher in den weichen Untergrund gestanzt. Gestern Abend drückte der Sturm das Wasser unter den Türen der Cafés hindurch. Die Aufnehmer waren vollgesogen. Von den mangelhaft isolierten Fenstern flüchteten die Gäste.

Es ist eine Woche vor Ostern 2009.

Ich wende mich nach Jaffa und ziehe die Kapuze über die Ohren. Trotz des Dunstes gleißt das Licht wie üblich in Israel. Fern im weißen Nebel peitscht Gischt in den Himmel. Etwas muss dort das Mittelmeer brechen. Die alte Kaimauer von Jaffa? Ich sehe einfache Leinenkleider schwedischer Pilger des 19. Jahrhunderts fliegen, die Köpfe geduckt vom Sturm und von der Vergangenheit. Hat Selma Lagerlöf sie in »Jerusalem« nicht so beschrieben?

Damals gab es kein Plastik, fällt mir ein, als ich die Reihen orangefarbener Stühle erblicke. Alle sind gleich, wie sie die Industrie nun einmal herstellt. Zwecklos die Mühe, einen Unterschied zu suchen abgesehen von der Menge der Sandkörner, die auf den Sitzflächen schlafen.

Reckstangen ragen auf, doch hängen keine Menschen daran. Tropfen lassen sich vom Wind langziehen, bevor sie vom bunten Lack und Rost in den Sand abspringen. Die hohen Hotels kommen in Sicht. Darin tätigen Manager von Siemens ihre Geschäfte. Der Sandstreifen wird von aufgehäuften Felsbrocken unterbrochen. Sie halten eine Rasenfläche zusammen. Die Promenade nach Jaffa beginnt.

Boutiquen, Fischrestaurants und Imbisse umrunden »die Schöne«, den ins Meer ragenden Felsen. Blaue Schlagläden stecken in gelbem und weißem Sandstein. Von den Seiten und von oben uneinsehbar verstecken sich Kunsthandwerksateliers in Fels und Mauern. Treppen und Gassen bilden ein Labyrinth. Der alte Fischerhafen ist eine Baustelle. Arbeiter werfen Lehmputz gegen Wände. Zweiflügelige Tore vermodern. Dahinter verbergen sich Fisch-hallen. Hausgerippe verloren ihr Fensterglas. Haben hier Menschen gewohnt oder gearbeitet? Warum sind sie fortgezogen? Möwen und Tauben ziehen ein. Eine Woge geht über die Kaimauer, ich ducke mich unter ihr weg, synchron mit der Bewegung eines Anglers. Wir richten uns auf, er allerdings harrt weiter aus, ich renne auf das höchste Plateau des Jaffafelsens. Die Sonne trocknet mich.

Dem Wind zu entgehen, dringe ich in die Häuserzeilen von Tel Aviv. Zur Orien-tierung besteige ich einen Turm. Mein veralteter Reiseführer bezeichnet ihn als den höchsten des Orients. Inzwischen überragen ihn Banken. Er bietet Blick auf von schmutzigen Fenstern durchlöcherte weiße Häuserfronten, Solaranlagen, Wassertonnen, Waschmaschinen. Selten wird auf dem Dach ein Garten gestaltet, meist dient es als Müllhalde. Die ausschließlich weißen Wasserreservoirs zeigen an, dass Tel Aviv keine Palästinenserstadt ist. Auf deren Dächern sind zusätzlich schwarze Tonnen montiert, für den Fall, dass Israel das Wasser abdreht.

Beim Äthiopier esse ich eine Art Szegediner Gulasch. Er wird auf einer Platte grauen, porösen und gummiartigen Teigs serviert. Von diesem reiße ich Stücke ab und greife mit ihrer Hilfe Fleisch und Gemüse in Soße.

Der Markt hat geschlossen, letzte Reste werden auf einen Pferdewagen ge-laden. Er bringt das Übriggebliebene in den Kibbuz zurück. Lange, dämmrige Gassen aus eisernen, stählernen Schränken liegen brach. Obenauf lagen die Waren, die Oberflächen sind blank geputzt. Ich möchte wissen, was hinter den Vorhängeschlössern verborgen ist.

Besen treiben Spülschaum, Fischschuppen, Hühnerfedern, Gemüseblätter und Blut durch die Gossen. Ein Truthahnfuß wird übersehen. Es stinkt nach

Käse, kaltem, rohem Fleisch und fischschleimgetränktem Eis. Katzen finden nichts mehr.

Im Museum zur Geschichte der illegalen Untergrundorganisation Hagana, aus der mit der Staatsgründung die israelische Armee hervorgegangen ist, bin ich die Einzige ohne Uniform. Und die Älteste. Ich komme mir vor wie eine Lehrerin mit ihrer Schulklasse, nur dass meine Schüler Uzis tragen. Es ist das Museum der jungen Leute um mich herum. Dagegen fühlen sich die Museen in der deutschen Heimat an, als seien sie die Geschichtsbewahrer der Lehrerinnen und Lehrer. Ein Erinnerungshaus für Teens und Twens brächte uns ältere Menschen zum Schmunzeln. So passiert es mir jetzt angesichts der dunklen, nach Staub riechenden Papplandschaft, in der Gipsfiguren Guerilla-krieg darstellen. Sobald ich einer Soldatin begegne, lasse ich das Lächeln sterben und weite die Augen in Ehrfurcht für die Pioniere. Herzl ist hier. Um die Gesichter herum hängen Waffen an den Wänden; eine deutsche Walther fällt mir auf. Auf Schildern sind die Namen ihrer ehemaligen Träger verzeich-net und die historische Tat, zu der sie getragen wurden. Für die deutsche Museumbesucherin ist das ungewöhnlich. Ob ich ein solches Haus kennen würde, wenn die Geschichte meines Heimatlandes rühmlicher verlaufen wäre?
Der Staub auf der Papplandschaft und den Kanonen sowie der Schweiß der Soldatenjugend beginnen mich einzuengen, ich trete hinaus in Wind und Sonne.

Ich schlendere den Rothschild Boulevard zur Hausnummer 16 hinauf. Hier rief der gebürtige Pole David Grün alias Ben Gurion 1947 die Staatsgründung Israels aus. Die karge, nahezu quadratische Hauswand scheint nichts mit dem sympathischen, dicklichen Mann zu tun zu haben. Ich sah ihn auf einem Bild in großen, weißen Opaunterhosen einen Kopfstand am Strand machen. Solche Politiker wünsche ich mir. Dazu möchte ich eine Grabstätte wie die Gurions und seiner Frau Paula in der weiten Wüstenlandschaft am Rande eines tiefen Risses in der Erde. Dort unten entspringt eine Quelle und lässt Bäume unter der Erdoberfläche wachsen. Vögel tauchen hinab, und nach Trinken und Bad hocken sie sich an den Canyonrand.

Ich setze mich für eine frisch zubereitete Zitronenlimonade mit zerstoßener Minze auf den Mittelstreifen des Boulevards. Der Streifen lässt sich auch anders nutzen: Oberhalb spielen junge und ältere, modern und schick gekleidete Leute Boule in der späten Nachmittagssonne. Silberne Kugeln lassen Staub im goldenen Licht aufstieben.

Auf dem Dizengoff Boulevard, benannt nach dem ersten Bürgermeister der Stadt, erwerbe ich bei Frau Frankfurter ein paar unförmige, mausgraue, mit Schafswolle gefütterte Wildlederstiefel. Die gleichen gibt es bei uns in Deutschland zu kaufen. Sie zeichnen sich dadurch aus, dass die Mädchen sie schief treten.

Die warmen, globalen Trampler tragen mich zur Rehov Arlozorov Ecke Ferdinand Lassalle. Alleen zweigen ab, und hinter Palmen, Hibiskus und Feigen verbergen sich weiße, angeschmutzte Häuser im Bauhausstil. Auf den Balkonen parken Fahrräder, Surfbretter, Bücher, Wäschespinnen, Kühlschränke. Ich höre Klavierspiel und mehrstimmigen Gesang. Nichts Ungewöhnliches ist zu sehen, ich stehe nur huldigend vor dem Straßenschild. Berühmten Deutschen sind Tel Aviver Straßen gewidmet: dem Gründervater der SPD, Ferdinand Lassalle und dem Sozialisten Chaim Arlozorov. Mit ihm verbinde ich die Erinnerung an eine Utopie Israels vom Beginn des 20. Jahrhunderts, lange bevor der Staat gegründet wurde. Die Studentin, die ich war, las den Text und wusste endlich, wie ein Land beschaffen sein sollte, in dem sie leben wollte. Denn in Deutschland mochte sie nicht bleiben. Doch inzwischen existierte das reale Israel, und auch das war unzulänglich. Stets blieb zu kompliziert zu verstehen, warum es anders geworden war, als der Utopist es propagiert hatte, bis mir der Holocaustüberlebende und ehemalige Hagana-Offizier, Meir Schwarz, ein Bild für die Erklärung gab: »Wir saßen in New York zusammen und diskutierten, wie wir die Einwanderung nach Palästina organisieren sollten. Da sagte ein Kommunist: Die Religiösen brauchen wir nicht im Land. Wir wollen Israel zu einem sozialistischen Staat gestalten. Daraufhin entgegnete ein Orthodoxer: Die Kommunisten brauchen wir nicht in Israel. Wir wollen einen jüdischen Staat errichten.«

Seitdem begreife ich, dass es gut ist, dass das Land nicht meinen einseitigen Vorstellungen nachkommt. Hätte ich geherrscht, hätte es die vielfältige

Gesellschaft nicht gegeben, für die ich Israel heute bewundere. Um die Vielfalt intensiver zu genießen, reise ich ab nach Jerusalem.

Es ist Sommer 2011.

Die Tür des Acht-Personen-Busses ist an einen langen Hebel und zwei Gelenke geschweißt, sodass der Fahrer sie von seinem Sitz aus öffnen kann. Die Hitze auf der Rehov Arlozorov schlägt mir entgegen. Ich hetze von einem Baumschatten zum nächsten, obwohl mein Mann gesagt hat, dass stetes, langsames Schreiten besser gegen Überhitzung wirkt. Doch welche Frau glaubt schon dem Gatten?

Seit einem Monat gehe ich nicht mehr ohne durchlöcherten Cowboyhut aus dem Haus und die schulterfreien Shirts habe ich nach Deutschland geschickt. Am Strand werde ich mich ausschließlich unter den geflochtenen Dächern aufhalten.

Dort ist kein Platz frei. Auf dem Sandstreifen, obwohl er sich in Netanya, Caesarea und Haifa ebenso breit hinzieht wie hier, liegt Handtuch neben Handtuch, steht Liegestuhl an Liegestuhl. Alle orangefarbenen Plastikstühle sind besetzt. An den Recken hängen langgezogene, nackte Muskeln. Stürzen ein paar ab, schiebt sich die Schlange vor. Der Nächste klammert sich ans schweißnasse, bunte und rostige Metall. Ich stakse über Handtaschen, Plastikbeutel, Reisetaschen, Rucksäcke, Flaschen, Eisstiele, um mich ins Wasser zu werfen. Kleine Fische sammeln sich um meine Fesseln, unter mir bewegt sich blassgelber Sand. Das Mittelmeer ist klar, abgesehen von winzigen, durchsichtigen Plastikfetzen. Umso auffälliger zeigt sich ein brauner Klumpen, der hin und her gewiegt wird. Vor der Küste brechen künstliche Felsinseln die Kraft des Meeres, darum gibt es weder Wellen noch Strömung. Ich gehe nicht weiter, der braune Klumpen macht mich misstrauisch. Ich beäuge ihn. Er erscheint mir vertraut, doch passt er nicht hierher. Er sollte nicht in der See wabern, sondern in einer Toilette verschwinden, gleich darauf in einem Abwasserkanal und schließlich im Klärwerk landen. Was tut der hier?

Wenn ich mich umdrehe, scheint mir die Wahrscheinlichkeit groß, dass einer der vielen tausend Menschen am Ufer und in den Hoteltürmen heute Morgen schon früh in der Bucht gehockt hat, als alle anderen noch nicht anwesend waren. Vielleicht hat er am Strand geschlafen oder ist vor Sonnenaufgang joggen gewesen? Ich kann nicht ins Wasser, aber ich muss hinein, die Hitze ist grausam. Die Bucht ist verschlossen von Felsen, damit den Badenden nichts passiert. Der Kot wird nicht fortgespült, solange ich warte. Er weicht ein wenig auf, geht auseinander, verteilt sich, doch die Teile verweilen.

Ich wende mich zum Turm der Lifeguard. Sieht der Lebensretter nicht? Warum handelt er nicht? – Was soll er tun? Den Klumpen mit der Hand oder mit einem Kescher entfernen? Dafür fühlt sich der sportliche Typ nicht zuständig. Das steht nicht in seinem Arbeitsvertrag.

Ununterbrochenes, gleichförmiges, lautes Knallen von Gummi auf Holz dringt zunehmend in mein Bewusstsein und überschreitet den Stresslevel. Schwarze Gummibälle fliegen dicht an meinem Gesicht vorbei. Nackte Füße springen neben meine, Arme, verlängert von breiten, brutalen Holzschlägern holen aus. Das zieht sich über Kilometer. Hunderte spielen dicht an dicht auf der Küstenlinie, wo der Sand hart und nicht heiß ist. Es ist unmöglich, ohne Verletzungen am Ufer entlang Jaffa zu erreichen. Nicht vorstellbar, es könnte überall an der Mittelmeerküste so sein.

Der Strand reicht nicht für alle. Die Leute lagern auf der Promenade und auf dem Rasen. Fahrräder klingeln Fußgänger beiseite, Kinderwagen überrollen Füße in Trekkingsandalen. Möwen lachen sich schlapp und tanzen Kapriolen in der Luft, um uns zu zeigen, wie viel Raum ihnen nach oben und allen Seiten hin zur Verfügung steht.

Alle Arten von Essen werden von Passanten getragen, aus den Strandcafés dringen Pommes- und Fischgeruch, Strohhalme, Dosen und Plastikmüll warten auf ihre Entsorgung. Die Restaurants und Imbissbuden von Jaffa sind vollgestopft, die Schlangen stehen bis auf den Gehsteig. Der glitscht von Essensresten, Getränkepfützen und Hundekot. Die engen Gassen und Treppen klingen von Amerikanisch, Arabisch, Bayrisch, Iwrit, Österreichisch, Russisch, Spanisch, Schwedisch, Schwyzerdütsch und mir Unbekanntem. Die Menschen versuchen, die Sonne zu überlisten. Sie verwehrt ihnen die Sicht in die Atelierfenster.

Der Hafen ist restauriert. Nicht für Fischer, sondern für Touristen. Die Holztore stehen offen. In den frisch gestrichenen Fischhallen strahlt künstliches Licht auf Stahlkonstruktionen und Spielzeug. Beschauer diskutieren, ob das Kunst ist oder Kommerz, Klimbim und Kinkerlitzchen. Pommesgeruch weht herein, aufgeregter Kinderatem riecht nach einer Überdosis Zucker. Kinderwagenkinder sehen nichts als Popos und platt gefahrene Pommes auf Planken. Das Helle auf dem Dunklen gefällt ihnen, sie betrachten ihr Vanilleeis und werfen es hinzu. Erwachsene überlegen, ob sie denselben Holzboden für ihre Wohnung erwerben. Übrig gebliebene Fischer schlagen sich mit stinkenden Styroporkästen durch die Menschenmassen in die Restaurants und wieder zurück auf ihr Boot. Den Gesichtern ist die Erleichterung anzusehen, sobald sie die Reling überstiegen haben, wohin niemand ihnen folgen darf. An Bord haben sie Ruhe und beäugen fasziniert das Getümmel auf dem Kai. Es erinnert sie an die morgendlichen Fischschwärme, die am Nachmittag tot auf dem Eis liegen.

Ich arbeite mich zum Rothschild Boulevard durch. Bunte Zelte und Transparente reihen sich auf dem staubigen Mittelstreifen und flattern unter Alleebäumen. Pappschilder werden bemalt. Trinkflaschen werden verteilt, Tomaten und Gurken geschnitten und in Pitabrote gestopft, Hummus und weißer Käse darübergestrichen. Weiße Bärte und Schläfenlocken über weißen Gebetsmänteln diskutieren mit braungebrannten Skatebordfahrern. Alte Menschen schieben Gehwagen um ihre Körperachse und unter ihre Gesäße. Dreadlocks senken sich zu den faltigen Gesichtern herab und zittern beim Reden. Alle sind sich einig, dass Wohnungen und Bildung zu teuer seien. Beides wird dringend benötigt. Zu streiten bleibt, ob sich das Land einen geringeren Militäretat leisten kann, oder ob man infolgedessen von den arabischen Nachbarn vernichtet wird. Fraglich ist, ob die Siedlungspolitik das Geld für Stadtwohnungen und Schulen auffrisst. Und wie viel machen die Subventionen für die armen Ultrareligiösen aus, die sich weder am Militärdienst beteiligen noch einen Brotjob ausüben? »Das ist doch nur die kleine Minderheit! Nein, wir müssen die Rüstungsausgaben senken! Das können wir, wenn wir keine Siedlungen mehr bauen!«

»Du weißt genau, das legen die Araber als Schwäche aus. Und wenn wir schwach erscheinen, gilt ihnen das als Wink Allahs, dass die Zeit des Angriffs reif ist. So denken sie nun mal.«

»Ja, die paar, die im alten Denken verhaftet sind. Aber das ist auch eine Minderheit.«

»Eine einflussreiche, herrschende Minderheit!«

»Die Liberalen werden stärker. Siehst du doch am arabischen Frühling.«

Ein Dritter mischt sich ein: »Der arabische Frühling ist antiisraelisch.«

»Du hast recht«, nickt einer der beiden anderen. »Das ist eine Masse mit ganz unterschiedlichen Interessen. Wenn die sich nicht einigen, entsteht ein Machtvakuum, das nutzen die Moslembrüder aus. Die werden die Religiösen daran erinnern, dass im Hause Allahs kein Zimmer für Juden frei ist. Und die Nicht-Religiösen werden sie an die Traumata erinnern, die wir den Palästinensern zugefügt haben und an die Verbrechen der Amerikaner im Golfkrieg. Dann stehen die Leute hinter denen und sind bereit, Israel auszulöschen.«

»Nein, ihr seht zu schwarz. Ich arbeite mit Palästinensern zusammen. Mit Bauern. Wir experimentieren mit Solarfolien, die über landwirtschaftliche Flächen gezogen werden können, ohne dass sie die Pflanzen beeinträchtigen. So gewinnen wir erneuerbare Energie ohne extra Flächen bereitstellen zu müssen, versteht ihr? Die Zusammenarbeit und das soziale Miteinander mit den Arabern klappen gut.«

»Na, ich weiß nicht. Ob das ein Präzedenzfall für die Gesellschaft ist?«

So geht es vierundzwanzig Stunden am Tag. Die Ohren im Iwrit stolpern meine Sandalen durch den Staub. Die Zehen ziehen Grau an. Eine Stelle im Nacken färbt sich feuerrot. Einen Körperteil vergesse ich immer, vor der frei zugänglichen Energiequelle zu schützen. Das Leder des Cowboyhutes ist vom Schweiß verfärbt. Ich muss ins Meer. Aber nicht hier.

Ich miete einen Wagen, um zwischen den Städten ein einsames Stück Strand ausfindig zu machen. Auf der Karte ist ein grüner Streifen verzeichnet, zu dem eine Ausfahrt von der Autobahn abzweigt und vor dem Mittelmeer endet. Das ist es.

Wo sich in der Realität die Fahrbahn verliert, gibt es keine Autos und keine Leute mehr. Ganz wie ich es liebe. Stattdessen erhebt sich ein Rolltor zwischen den Wällen aus Pinien und Eukalyptus. Das darf nicht wahr sein!

Vom Tor löst sich ein Mann mit Funkgerät und Waffe am Gürtel. Ich erspare ihm den Weg durch die Hitze, er braucht nicht auf meinen Wagen zukommen, ich habe verstanden. Da ist kein Strand, weder ein einsamer noch ein überfüllter, weil ein Kraftwerk an der Küste steht, wo Kühlwasser in Mengen zu bekommen ist. Fluchend reiße ich das vermaledeite heiße Lenkrad herum, die Reifen reiben auf Asphalt und mahlen bedrohlich den Splitt. Ihr könnt mich alle, Ihr Badenden und Strandbeleger! Ich überlasse euch das geistlose Herumliegen in Sonne und Schatten, das Paddeln in der Pampe, die ihr Mittelmeer nennt! Ich fahre zu den blassen, betenden Jerusalemern!

Aber in zwei Jahren will ich zum dritten Mal kommen. Schon jetzt bin ich gespannt, welche Seite mir die Stadt zeigen wird und worüber die Tel Aviver reden werden.

Golan
Blumenwiesen und Minenfelder

Vom nordöstlichen Ufer des Sees Genezareth schlängeln sich Serpentinen die ockerfarbene Bergflanke hinauf auf das Golanplateau. Auf seiner Kante sitzt eine Siedlung. Ich frage mich, warum nicht all ihre Einwohner die zwölf Sonnenstunden am Tag auf der Steilklippe stehen, um über den See zu sehen. Die Antwort ist einfach: Die Erwachsenen gehen arbeiten, die Kinder spielen und lernen.

Grundstücke in dieser Lage wären in Deutschland und andernorts den Reichen vorbehalten. Aber die schätzten es nicht, wenn ihre Reit- und Joggingstrecken an Stacheldrähten entlangführten, an denen im Abstand von ein paar Kilometern schwarze und rote, hebräische, arabische und lateinische Buchstaben auf gelbem Grund warnen: »Danger Mines! Vorsicht Minen!« Am Wenigsten schätzten es wohl jene Manager, hier mit ihren Familien zu wohnen, deren eigenes Unternehmen die Waffen herstellt. Zu viel Nähe beeinträchtigt die Verdrängung. Aus der Ferne funktioniert die gut: »Wir produzieren nur das Angebot, das nachgefragt wird.«

Hinter der Siedlung öffnet sich mein Mund im gleichen Maße, wie sich die Landschaft öffnet. Die Lippen formen sich zum Rund der Sonne. Sie strahlt zwischen den Halmen hindurch über das ganze weite Hochplateau. Sie ist eben erst von der unteren Erdhälfte heraufgeklettert, um Wärme und Helligkeit gerecht zu verteilen. Nichts hindert ihren Strahl auf dem Plateau als ein paar Kühe und Zaunpfosten. Die fedrigen Spitzen der Gräser lassen sich durchfluten, werden transparent, widerstehen dem Licht nicht, sondern saugen es auf, wenden sich ihm zu und zittern vor lauter Leben. Ihre zarten Wurzeln nippen am Rand von stillen, flachen Seen.

Nie habe ich mir die Golanhöhen als eine große, blühende Landschaft vorgestellt. Reisen zerstört Vorurteile. Jetzt bin ich vor Ort und sehe, es ist keine öde, schroffe Berglandschaft, die nur von Militärbefestigungen vor Erosion geschützt wird. Hält Israel ausschließlich aus strategischen Überlegungen am Golan fest? Spielen nicht auch wirtschaftliche und ästhetische Gründe eine Rolle?

Auf der Suche nach einem Restaurant biege ich vom schwarzen Asphaltband auf Staub und Schotter ab. Unschlüssig stoppe ich vor einer Vertiefung im Boden. Sie ist mit Flüssigkeit gefüllt. Nachdem ich von den Minen inspirierte, gruselige Fantasien verdrängt habe, erkenne ich die Funktion: Das ist ein Desinfektionsteich. Er verhindert, dass die Reifen Keime hinein- oder hinaustragen. Dahinter liegt ein landwirtschaftlicher Betrieb.

Vorsichtig rolle ich durch die Senke. Auf der anderen Seite steigt der Wagen auf, die Nässe fließt ab und versickert im Kies. Laubbäume verlieren im Laufe der Strecke ihren natürlichen Wildwuchs und nehmen parkähnlichen Charakter an. Rote, blaue und gelbe Rohre ahmen ihre Äste nach, um Kinder zum Klettern zu verlocken. Am Rande des Spielplatzes lässt mich ein großer, heller Betonbau glauben, er sei eine Schule. Zumal Buntpapier wie Warnschilder für Spatzen und Meisen auf den Fenstern klebt. Ein Schriftzug stellt klar, dass es sich um einen Speise- und Sitzungssaal handelt. Ich kurve durch einen Kibbuz. Er wirkt verlassen. Offenbar arbeiten alle außerhalb.

Ich holpere zurück auf die schwarze Glätte zwischen den gelben Linien. Sie teilt die Ebene, als hätten die Menschen die Unendlichkeit und Unordnung der Natur nicht ertragen. Rechts und links Kamille, Butterblumen, Disteln und Gewächse, die ausschließlich in dieser Region wachsen. Ich möchte einmal im Frühling kommen, wenn Krokusse blühen.

Inmitten der Blumen sind Steine aufgehäuft. Alle von der Größe, dass sie ein Mann tragen kann. Auf einem flachen Felsen haben Soldatinnen ungeschickt mit weißer Farbe hebräische Namen aufgemalt und ihren Kameradinnen ein selbstgebautes Denkmal hinterlassen. Ein paar Kilometer weiter ragt ein zweiter Steinhaufen voller Vor- und Zunamen in jugendlichem Schriftzug auf. Zwei gekreuzte Flaggen stecken in den Lücken der Felsbrocken. Das dritte Mahnmal besteht aus einem umgekippten und ausgebrannten Jeep. Daraufhin erneut angehäufte Steine, aber bunt bemalt, und Namen von getöteten Menschen. Zuletzt ein aufgegebener Panzer.

Das ist meine erste Fahrt durch ein modernes, verlassenes Schlachtfeld. Meine eigene Generation. Das berührt mich mehr als die altertümlichen Bunker in der Normandie, die das Meer untergräbt und über die Gras wächst. Sie sehen unpersönlich aus. Von der Militärführung in Auftrag gegeben, von anonymen Soldaten gebaut und gebraucht. Ich kann mir nicht vorstellen, dass sie meine Großväter waren.

Die Schriftzüge hier, die bunten Steine, das stammt von denselben Leuten, mit denen ich morgens und nachmittags im Bus fahre. Ich kenne ihre Zeichen, ihren Stil. Das ist meine Generation.

Ein Hügel erhebt sich. Dem hat man die Spitze abgetragen. Statt ihrer ragen unzählige, riesige Antennen und Parabolspiegel auf. So viele, so große, sie scheinen ganz Israel, Syrien und Jordanien abzutasten. Ich sehe mich im Auto in der Landschaft fahren, durch fremde Augen auf einem Monitor in einem staubfreien Raum beobachtet. Das Brummen meines Motors wird in meiner Vorstellung zum Summen des Computers.

An das Schlachtfeld schließen Weinberge an. Erschöpft rolle ich auf einen Parkplatz, stoße gegen den Bordstein. Aus einem Marktwagen heraus verkauft eine fröhliche Frau Früchte, Käse und Golanwein. Sie schenkt mir einen stabilen Flaschenöffner dazu. Ein Reisebus hält, Kinder springen heraus, kaufen Süßes. Muslimische Mütter öffnen Plastikschüsseln voller Salate, Huhn und Hummus. Die Kinder nippen nur, ziehen das künstliche Süß vor. Die Unzufriedenen rücken ihre Kopftücher zurecht. Die Männer drücken Zigaretten aus und schwärmen zum »Selberpflücken« von Trauben, Birnen und Blumen aus. Ich sehe sie zwischen Rebstöcken und Reihen hoher Sonnenblumen.

Wo sich die Serpentinen am nördlichen Ende der Hochebene senken, durchfahre ich wohlhabende arabische Dörfer voller Baustellen. Sie blicken auf weiße Flecken rund um den Gipfel des Har Hermon. Dort oben liegt Schnee. Hier unten drehe ich die Klimaanlage höher. Obst- und Parkbäume umstellen ein Hinweisschild zu einem Lift. Im Winter wird Ski gefahren. Der moderne Körper- und Schnelligkeitskult hat einen heidnischen Kultus ersetzt, den die Kanaanäer vor ein paar Tausend Jahren auf der Bergspitze betrieben. Am Fuße des Hermon lebte der halbe Stamm Manasse. Der anderen Hälfte wurde westlich des Jordans Sichem zugeteilt, wo heute Nablus liegt.

Ob aus diesem Stamm der mittelalterliche Amsterdamer Rabbiner Menasseh hervorging? Und der zeitgenössische Schriftsteller Menasse?

Dem Hermon entspringen die drei Quellflüsse des Jordan. Der Name heißt: »kommt vom Dan«. Tausend Jahre vor Christus erstreckte sich nach dem Buch Samuel und dem Buch der Richter das Einflussgebiet der Israeliten »von Dan bis Be'er Scheva«.

Der Jordan fließt seinerseits in den See Genezareth. Falls ich die Schilder richtig lese, ist der mir nächstgelegene Quellfluss der Banyas. Auf ihn steuere ich zu. Das Wort stammt von *Paneas* nach dem Gott Pan. Die Araber können das harte P nicht gut sprechen. Das katholische Papsttum hat seinen Ursprung in Banyas.

1964 begann Israel, seine Wasserversorgung aus dem See Genezareth zu speisen. Daraufhin leiteten Syrer die beiden Jordanzuflüsse Dan und Banyas um. Das war ein Grund, das Gebiet im Sechs-Tage-Krieg 1967 zu besetzen.

»Danger Mines.« Die Drähte wickeln sich um die Stämme 15 Meter hoher Platanen. Hinter ihnen verstecken sich Pappeln, Eichen, Eschen, Lorbeerbüsche und Storax. Statt europäischer Könige und Kreuzfahrer kreuzen Zaunkönige die Allee. Statt syrischen Dromedaren weichen sie meiner Motorhaube aus. Ich rolle auf einen Touristenparkplatz. Es ist so heiß, dass ich mich frage, ob es sich lohnt, Eintritt in das Naturreservat zu zahlen. Bis zur Quelle schaffen es die inländischen Schulklassen, ich nur bis zum Wasserfall. Sobald ein Tropfen auf einen Stein fällt, bedeckt sich dieser mit Flechten und Moosen. Tropft es zwischen die Felsen, zwängen sich Farne aus den Spalten. Wurzeln brechen die Spalten auf, sprengen Steinstücke heraus, ein Baum wird geboren. Lianen und Luftwurzeln hängen sich an ihn, baumeln über dem Wasser, lassen sich bespritzen und saugen sich voll. Handgroße fünffingrige Blätter wedeln sie beiseite und greifen nach der Gischt.

Der Hohlweg riecht nach Koriander, Kinderschweiß und Käse. Die Pflanzen verströmen Gewürzgeruch. Woher stammt der Käsegestank? Auch nach aufmerksamer Suche ist das nicht herauszubringen.

Kleine Pfadfinder glitschen und rutschen auf veralteten Balken. Das Licht prallt nicht von oben, sondern schimmert hinter Steinen und Stromschnellen. Die Natur hat eine aufwendige Technik entwickelt, um das Jordanwasser babyblau zu erleuchten. Rosa Blüten drängen ins Bild.

Südlich des Quellgebietes wird das Land trockener. Ein schmaler Kanal unterbricht meine Fahrt. Auf einer kleinen Holzbrücke bleibe ich stehen, um mir die Karte anzusehen. Den Jordan müsste ich jetzt überqueren. Ich schaue aus dem Fenster. Das Rinnsal kann nicht der Jordan sein. Ich suche einen zweiten Wasserlauf auf der Landkarte. Ich steige aus und trete ans hölzerne Geländer. Von der Straßenkarte blicke ich auf die Realität unter der Brücke. Sie ist deprimierend. Ich muss lachen vor Spott. Warum deprimiert mich das kanalisierte Wasser?

Sehe ich einen Fluss mäandern, fühle ich Freiheit und Lust. Sehe ich einen Bach von Stein zu Stein hüpfen, Moos bespritzen, Grashalme kitzeln und höre ihn gurgeln, fühlt sich das lustig, spielerisch und romantisch an. Ich glaube, wir lernen unsere Empfindungen von der Natur. Erst im Umkehrschluss wird sie uns zum Bild für unsere Gefühle.

Daraus folgt: Unsere Gefühle sind Ausdruck der Natur. Nicht nur unserer eigenen körperlichen Natur, sondern auch der Umwelt um uns herum.

Die mäandernde Flussnatur ist gestört, ich empfinde das als traurig. Obwohl es eine Folge der Wasserkraftnutzung ist, mit der ich Licht mache und heize. Trotzdem auf diese Weise Felder bewässert werden, auf denen meine Nahrung reift. Auch wegen der Mühlen haben sie ihn kanalisiert, und die liefern mein Mehl.

So hat die Natur in meinen Augen nicht zu sein. Das hat etwas Ungesundes, Gestörtes. Wie ein Mensch, dem man die Persönlichkeit und somit seine Würde und Erhabenheit aberzogen oder beschnitten hat.

Lehrte mich die Natur so zu denken?

Da unten liegt ein Paddel im Wasser. Ob es Kinder verloren haben? Vergessen im Spiel? Aber auch das kleinste Paddelboot kann in dem schmalen Kanal nicht wenden. Vielleicht hat es deshalb jemand weggeworfen.

Neben mir und hinter meinem Wagen hupt es auf der Jordanbrücke. Erschrocken drehe ich mich um und muss einsehen, dass mein Auto die gesamte Brückenbreite ausfüllt. Ich hebe die Hände zur Entschuldigung, stürze zum Fortbewegungsmittel und bewege mich fort.

Ich fahre in ein ehemaliges Sumpfgebiet, durchfahre die Chulaebene. Im Deutschen auch Hula- oder Huleebene genannt, obwohl wir doch gut mit der Zunge am weichen Gaumen kratzen können.

Vor 20 000 Jahren flossen Lavamassen von den Golanhöhen herab und blockierten den Jordan. Ein großer See und weite Sümpfe entstanden. In der Talmud-Zeit, im 1. bis 5. Jahrhundert, war der Wasserablauf reguliert, intensive Landwirtschaft wurde betrieben. Nach der arabischen Invasion versumpfte das Land wieder. Im 19. Jahrhundert siedelte Ibraim Pascha ägyptische Bauern an, um die nördlichsten Papyruspflanzen der Erde zu ernten. Nachdem sich Ibraim 1840 aus Palästina zurückgezogen hatte, breiteten sich die Sümpfe erneut aus. Ende des 19. Jahrhunderts kämpften jüdische Einwanderer aus Polen erfolglos gegen die Versumpfung. Auch die Hilfe Baron Rothschilds reichte nicht aus. Erst die Israelis legten die Sümpfe ein weiteres Mal für die Landwirtschaft trocken.

Ester Golan, die alte Dame, die ich alle paar Wochen besuche, half bei der Trockenlegung. Als 17-jährige, jungverheiratete Ursula war sie nach dem Krieg über das Mittelmeer nach Haifa verschifft worden. Nach der demütigenden Prozedur der Desinfektion und Quarantäne durch die Briten holten frühere Flüchtlinge sie in einen Kibbuz. Myriaden von Mücken empfingen sie, das reinste Malariagebiet. In der Regenzeit war die Erde schlammig. Im Schlamm standen die Zelte. Als die junge Frau nachts Bescheid geben musste, dass ihr Kind zur Welt kommt, blieben ihre Gummistiefel stecken. Von den Höhen aus beschossen Araber die Siedler.

Die Angriffe und die Quellen waren Gründe für die Eroberung des Golans im Sechs-Tage-Krieg.

Ich begreife nicht, dass man noch fühlen und empfinden kann, wenn man solche Lebensbedingungen überstanden hat. Menschen müssen wie Mücken sein. Zart und zerbrechlich halten sie trotzdem Hitze und Kälte, Trockenheit und Nässe aus. Wie Mücken über lebensgefährlichen Morast schweben, so rennen Menschen über tödliche Gefahren hinweg.

Im Westen erhebt sich ein Gebirgsgrat, während im Osten weiterhin der Golan aufragt. Ich fahre durch einen Korridor zwischen zwei Bergrücken. Hinter dem linken liegt Syrien, jenseits des rechten Rückens wartet der Libanon.

Weder mit der einen noch mit der anderen Nation existiert ein Friedensvertrag.

Galiläa

Schwarzweißgestreifte Schwanzfedern fächern sich vor der Windschutz-scheibe auf. Sie erinnern an eine Formel-1-Flagge. Schwarzweißgestreifte Kopfkämme richten sich schreckenssteif auf. Ich bremse herunter. Die Wiedehopfe streifen über das Auto hinweg. Rote Storchenbeine stehen links in der leuchtend grünen Wiese. Die großen, weißen Vögel beobachten meine Fahrweise. Erst in dem Moment scheinen sich ihre Flügelspitzen totschwarz zu verfärben. Ich wende den Kopf nach vorn. Ein jordanisches Nummern-schild ordnet sich vor mir ein. Was tut der auf dieser Seite des Jordans?
Rechts ruht der See Genezareth. Die Straße reicht nicht bis an ihn heran. Ein Palmenhain richtet sich zwischen uns auf. In die exakt geraden Stammreihen stößt ein Traktor. Er wirbelt Staub auf, die Wolke treibt hinter ihm her und vernebelt die Bananenstauden. Sie wachsen in blauen Netzen unter den Wedeln, damit die Vögel nicht ernten, was sie nicht gesät haben. Wir erlau-ben der Natur nicht mehr, für alle zu sorgen, seit wir den Boden zum Privatbesitz erklärt und bewirtschaftet haben. Die Plantage endet an einem Stacheldrahtzaun. An ihm reibt sich ein Esel. Sein Job ist es, das Unkraut unter den Stauden kurz zu halten. Flaches Schilf gibt den Blick auf den See frei bis zum Golan. Als Andreas und Simon Petrus ihre Netze über dieses Wasser warfen, hatten sie in der Station im Fischerhafen von Kapernaum Zoll zu entrichten. Der den See speisende Jordan bildete die Grenze zwischen dem Galiläa des Herodes Antipas und der Gaulanitis (heute Golan) des Philippus. Den Römern mussten die Jünger den Gewinn aus ihren Fisch-verkäufen zahlen, damit sie ihnen Häuser und Leben ließen.

Plötzlich wird dieser Jesus zu einer historischen Figur. Und damit in meinen Augen wesentlich sympathischer und interessanter als ein abgehobener Gott. Wenn er ein Mensch war, der danach strebte, sein Menschsein zu ver-vollkommnen und dem Menschheitsideal »Gott« ähnlich zu werden, wäre es potenziell jedem von uns möglich, dieses höchste Entwicklungsziel zu er-reichen. Jesus hatte erklärt, wie es für uns zu erzielen sei: Wir müssten Mitleid und Menschenliebe auf die Spitze treiben. Was uns hindert, konnte Jesus nur andeuten. Der derzeitige Dalai Lama übersetzt es in unsere moderne Sprache: Lächle, und dir wird ein Lächeln gegeben. Wenn du nicht lächeln kannst, forsche nach den Ursachen für deine Ängste und Aggressionen. Denn sie sind es, die dich hindern, gut und glücklich zu sein und Glück und Güte zu schenken. Hast du die Ursachen gefunden, wirst du vielleicht schon lächeln können. Wenn nicht, arbeite daran, bis du wieder lächeln kannst, und dir wird ein Lächeln geschenkt.

Ich stoppe auf dem staubigen Streifen vor dem YMCA. Vorerst ist es mir nicht möglich, zur Rezeption zu gehen. Der pech-, kohle-, lava-, in Wahrheit basaltschwarze poröse Stein will erst einmal gewürdigt werden. Er hebt sich vor dem gleißenden See ab. Das Fensterglas ist bunt wie Kirchenfenster. Ich muss hinein, um die Farben zu sehen.
Sogleich umgibt mich eine stille, kühle Atmosphäre. Die Helligkeit, die Hitze und die Hektik bleiben draußen. Farbige Lichtflecken liegen wie Deckchen auf dunklen Holzbalken. Hunderte von Dingen, Malereien, Reliefs wollen die Blicke einfangen. Doch das leuchtende Chagallblau des Sees füllt das gesamte Panoramafenster aus und greift nach den Sehnerven. Der Portier spricht mich von der Seite an, ich vermag ihm die Augen nicht zuzuwenden. Mit einer Geste zum Ausblick und einem Schwenk meines Armes durch den Raum entschuldige ich mich. Er lacht. »Sie dürfen sich gerne alles in Ruhe ansehen. Aber ein Zimmer habe ich nicht frei.«

Also weiter zum Kibbuz Ginnosar. Ein grüner John-Deere-Traktor, auf den zwei weiße Tauben gemalt sind, erinnert an die einstige Einkommensquelle der Lebensgemeinschaft. Heute wachsen Mittagsblumen auf und um den Traktor herum. Er fährt nicht mehr auf die Felder und zwischen die Palmen und Tomaten. Ihre Böden versiegeln jetzt Lodges, ein Hotel, ein Pool und ein Konferenzsaal vor dem Privatstrand. All die vielen Betten sind belegt. Es ist Shavuot, »Wochen«. Das Wort genügt, die Zahl »sieben« kann fortgelassen werden. Jeder, der es wissen muss, weiß es ja. Sieben Wochen nach dem ersten Pessachtag oder dem Omer, dem Tag, an dem das jüdische Volk Gerste von der ersten Ernte in den Tempel von Jerusalem brachte, bringt es heute am zweiten Omer ein Opfer von der ersten Weizenernte. »Omer« war die Maßeinheit. Heute ist der Festtag nach dieser Maßeinheit benannt. An Shavuot feiert man den Erhalt der Zehn Gebote auf dem Berg Sinai. Das geschieht 50 Tage nach Pessach, den Feiern zur Befreiung aus der Sklaverei des Pharaos.

Aber jetzt weiter nach Karei Deshe.

»Das ist ja Hotel California!« So habe ich mir das Gebäude vorgestellt, und so ähnlich sah es auf dem Plattencover aus.

»Natürlich, Liebes«, sagt mein Mann, »Generationen von Fans haben erfolglos versucht herauszufinden, was »Hotel California« bedeutet und wo es liegt. Niemand ist auf die Idee verfallen, es könnte sich womöglich gar nicht in Amerika befinden, sondern in Israel. Nur du.«

»Genau. Der Wein des »Captains« ist kein kalifornischer Chardonnay, sondern Golanwein! Und der »süße Sommerschweiß« stammt nicht aus Nevada, vielmehr aus Galiläa! Gleich wird uns eines der wunderschönen Mädchen mit sportlichen Schenkeln begrüßen. Ihre Haare klatschen beim Laufen auf den festen, runden Po und winken einen Schwarm »Fans« hinter sich her. Wir werden in ein paar Tagen zwar auschecken, uns aber niemals wirklich von diesem Ort lösen können. ›You can checkout any time you like, but you can never leave.‹ Das spüre ich deutlich. «

Ich drehe mich unter den Rundbögen hindurch und tanze auf der anderen Seite hinaus in den Patio. Ein Brunnen plätschert und wässert orientalische Blüten von der Größe meiner weitgespreizten Hand und der Farbe von Signalwesten für Straßenarbeiter. Dicht am Kopf vorbei schwirren Schwalben, als wollten sie feststellen, ob ich als Schlafbaum infrage käme, oder ob sich mein Haar zum Nestbau eigne. Ich folge ihnen dorthin, wo es am lautesten zwitschert. Als ich vor dem hängenden Efeu und den Bananenstauden neben der Treppe zur Galerie im oberen Stock ankomme, bricht das Gespräch unter Vögeln jäh ab. Jetzt monologisiert der Brunnen und die Hitze singt. Ich brauche Sekunden, bis die Augen sich so weit beruhigen, dass sie die Schwalben entdecken. Sie hocken jeder auf einem Efeublatt dicht vor meinem Gesicht, aber reglos und dunkel. Erst als ich sie gefunden habe, sehe ich die kleinen Bewegungen: das Heben und Senken ihrer Brüste, das Drehen des Kopfes, das Zwinkern der Lider. Auf den Bananenblättern bilden sie eine Reihe wie im Wartezimmer. Fliegt einer auf, benötigt er mehrere Anflüge, um einen neuen Halt zu finden, es sei denn, ein anderes Tier macht Platz. Je besser sich die Pupillen gewöhnen, desto zahlreicher werden die Schwalben.

Hunderte müssen es sein, tausende im ganzen Gebäude. Kein Blatt, das nicht einen weißen Streifen ihres Kots trüge.

Wenn sich der Himmel vom blauesten Blau der Welt nächtlich färbt, schweigen die Schwalben. Ich gehe zu ihren Sitzen, um zu sehen, ob sie noch da sind. Sie schauen mich kurz an, dann senken sie winzige Häute vor die schwarzen Augen, obwohl die Federn von den Lichtern im Gang beleuchtet bleiben.

An das Fliegengitter vor unserem Rundbogenfenster lehnen sich fünfgliedrige, esstellergroße Blätter. Die Fächer einer Palme rauschen im kräftigen Nachtwind.

Wenn die Morgensonne den See bestrahlt, scheint sich die Oberfläche in festes Gold zu verwandeln. Ich versuche einen Morgenspaziergang über das Wasser. Sicherheitshalber ziehe ich vorher den Bikini an. Vielleicht ist das der Fehler: Mir fehlt der Glaube, das Vertrauen. Wie nicht anders zu erwarten, versinke ich im Uferschlamm. Gleichfalls mit den Füßen im Nass steht ein weißer Ibis mit gelbem Schnabel und schaut zu. Ich setze mich zu ihm auf einen Plastikstuhl, der in Schilf und Schlamm steckt. Nach einer Weile gegenseitigen Abschätzens gleiten unsere vier Augen über die Fläche zum gegenüberliegenden Golan. Mit den Beinen im Wasser klärt sich mir, warum Israel nicht auf den Besitz der Landschaft verzichten wird. Wenn das Hochplateau einer feindlich gesonnenen Gemeinschaft gehört, braucht diese nur über den See zu schießen, um unendlich viele Menschen zu verletzen und zu töten.

Ich schaue den Ibis an. Galt er nicht ähnlich wie der Kranich antiken Völkern als Mittler zwischen Himmel und Erde?

Aus den niedrigen, bunt bemalten Arkaden der Brotvermehrungskirche am nordwestlichen Ufer hat man seit meinem letzten Besuch vor zwei Jahren die Nester der Schwalben beseitigt. Damals duckte ich mich unter den Flügeln und reichte mit den Händen bis zu den Balken, auf denen sie saßen. Jetzt ist das Holz sauber, die Tiere verschwunden. Ich bringe ihr Verschwinden mit dem der steinalten Nonne in Zusammenhang. Vielleicht hatte sie sich schützend vor die Schöpfung gestellt. Die Goldfische und Orfen schwimmen noch in dem Becken, das womöglich einst der Reinigung diente. Die Wasservögel in der Sumpflandschaft, das Brot und der Fisch liegen gleichfalls unversehrt in Form eines griechisch-römischen Mosaiks auf dem Boden. Kein Teil des Rautennetzes und der geometrischen Muster scheint in den letzten zwei Jahren entwendet worden zu sein. Damit zufrieden, kann ich gehen. Im Vorhof wird für den Bau eines neuen Klosters gesammelt. Aber wer kleinen Leuten die Wohnungen wegnimmt, bekommt von mir kein Spendengeld.

Eine lautsprecherverstärkte Stimme zieht meinen Blick auf den See. Ein Touristenschiff gleitet nach Tiberias. Angeblich sind die Boote originalgetreue Nachbauten eines archäologischen Fundes, der in die Zeit Jesu zurückreicht. Ich staune über die Größe von Jesus Fischerboot.
Im seichten Wasser steht ein Ibis und schaut gleichfalls auf den blanken, blauen Spiegel hinaus.

Ich setze mich in ein gläsernes Oktogon und überlege, ob ich eines der Messgewänder vom Haken im Balken nehme und anziehe. Stattdessen spreize ich die Knie und schaue durch den durchsichtigen, gläsernen Boden unter meinen Füßen auf die Mauern eines Achtecks aus dem 5. Jahrhundert. Die Reste der byzantinischen Basilika sind umgeben von kleinräumig gebauten Hausmauern aus dem 2. Jahrhundert. Kapernaum war keine kleine Stadt. Sie zog sich einen Kilometer entlang des Seeufers. Meine Augen versuchen auch noch den Basaltboden der Basilikaruine zu durchdringen. Dort unten fanden Archäologen einen größeren Raum aus Jesus Zeiten. In einer Ecke war auf Griechisch der Name »Petrus« zusammen mit einem Schiff eingeritzt. Es ist durchaus wahrscheinlich, dass sich hier eine urchristliche Gemeinde nach der Kreuzigung und ihrer Vertreibung aus Jerusalem getroffen hat. Eine Weile zuvor waren womöglich Jesus und Petrus selbst in diesem Haus gewesen. Meine Pupillen fokussieren zurück auf die Kratzer des Glasbodens, ich schließe die Knie und stehe auf.

Unter den Eukalyptusbäumen zünden Familienväter Grills an. Petrusfische, Pitabrot und Paprika liegen auf den Rosten. Salate warten unter Folien, Feigen gibt es zum Nachtisch. Musikboxen sind ausgerichtet, um alle Familienmitglieder und Fremde zu beschallen. Rauch steigt auf wie zum Zeichen, dass die Feiern beginnen. Kinder werden aus dem Wasser gerufen und warmgerubbelt. Wer nicht schnell genug zupackt, verliert seine Luftmatratze auf den Weiten des Sees Genezareth. Sie prallt von der Wasseroberfläche ab, der Wind fasst sie und spielt mit ihr zur Musik. Ibisse schwimmen und fliegen von Kapernaum Richtung Tiberias parallel zum schilfigen Ufer durch das Bild.

Nach Westen steigen die fettglänzend grünen Hügel von Galiläa an nach Zefat. Ich mag nicht Safed sagen, weil die blutrünstigen Kreuzfahrer die Stadt so nannten. Hier wurde im Jahre 170 der berühmte Rabbiner Simeon Bar Yochai begraben, dem das Grundwerk der Kabbala zugeschrieben wird. Allerdings wurde es erst tausend Jahre später in Spanien niedergeschrieben. Zu dieser Zeit wehrten sich provenzalische Juden gegen den nüchternen Talmudismus. Sie suchten nach dem mystischen Sinn des Alten Testaments und der talmudischen Religionsgesetze. Die religionsphilosophische Bewegung erfasste bald die Juden Spaniens und Italiens. Mit diesen kam sie nach der Vertreibung durch die Christen nach Palästina. In Zefat entstand neben Deutschland und Spanien das Zentrum der Kabbala.

Wer sich längere Zeit in Israel aufhält oder sich mit dem Judentum beschäftigt, begegnet früher oder später dem »Schulchan Aruch«, dem »Gedeckten Tisch«, dem Gesetzbuch der orthodoxen Juden. Es wurde von einem jener Sepharden geschrieben, die schon in Spanien berühmt gewesen waren, bevor sie nach Zefat flohen. Ergänzt wurde es vom »Mappa«, »Tischtuch«, dem Werk eines Rabbiners aus Krakau, also einem Ashkenasi.

Im Mittelalter beherrschte Normannenfürst Tankred Zefat, nach ihm die Tempelritter, unterbrochen von den Truppen Saladins, bis ein Mameluckensultan es muslimisch und zur Hauptstadt Galiläas erklärte. Unter seiner Regierung wuchs im 14. und 15. Jahrhundert eine große jüdische Gemeinde heran. Sie speiste sich aus Flüchtlingen aus Spanien, wo die Christen die maurische Herrschaft abgelöst hatten und Juden und Moslems verfolgten. Zefat war bedeutender als Jerusalem und gedieh unter den Osmanen zu einer der reichsten Städte Palästinas. Sultan Süleyman machte es neben Jerusalem, Nablus und Gaza zur Hauptstadt eines autonomen türkischen Verwaltungsbezirks. In Zefat entstand eine jüdische theologische Hochschule und 1563 begann die erste Buchdruckerpresse des Nahen Ostens zu arbeiten. 1578 wurde das erste Buch in hebräischer Sprache fertiggestellt.

An der Geschichte zeigt sich ein Unterschied zwischen Christentum und Islam. Den Christen kam es darauf an, andere von ihrer Religion zu überzeugen oder zum Übertritt zu zwingen. Den Moslems war es wichtiger, dass in möglichst vielen Ländern das islamische Gesetz galt. Unter diesem durfte jeder privat seinem Glauben nachgehen.

Im 17. Jahrhundert erging es Zefat unter wechselnder Herrschaft schlecht: Der Pascha von Damaskus, Erdbeben, Pest, Napoleon, der Pascha von Ägypten und die Drusen beutelten die Bevölkerung. Unter dem Mandat der Briten erreichte die jüdische Einwohnerzahl ihren niedrigsten Stand, bis 1948 eine kleine selbstgebaute Kanone die Unabhängigkeit Israels verkündete.

An einem Feiertag wie heute hätte im 3. bis 5. Jahrhundert auf dem tausend Meter hohen Gipfel ein Feuer gebrannt, um die Gläubigen in großem Umkreis zum Tempel in Jerusalem zu rufen. Weil die Reisezeiten ausgedehnt waren, dauern bis in unsere Zeit hinein in allen Städten und Ländern der Welt die jüdischen Festtage einen Tag länger als in Jerusalem.

Ein kühler Hauch weht den Berg herauf. Der Blick reicht weit über die dunkelgrünen Wogen und Wölbungen, bis der Horizont blau schmilzt. Es verwundert nicht, dass hier das Denken abheben, sich Luft und Licht verschaffen kann. Was aber macht eine Touristin? Mit Ausblick und Cappuccino im Wind sitzen und sich solchen Unsinn denken.
In die herrlichen Synagogen von Zefat traue ich mich nicht hinein. Es existiert eine Zeit vor dem Schabbat bei Birkenbaums und eine danach. In der davor wage ich mich in kein jüdisches Gotteshaus.

Am Nachbartisch höre ich deutsche Stimmen und lausche. Der Sohn erklärt den Eltern, was sie nicht sehen. Sie sind zu Besuch, er lebt hier. Ich spreche ihn an. Er absolviert sein freiwilliges soziales Jahr in einer kirchlichen Einrichtung. Ich staune, wie viele Volontäre im Land sind. Und ich beneide die Jugend, die ihre Möglichkeiten so früh und leicht per Internet herausfinden kann.

Totes Meer

Spitznasige mausgraue Felsen unter einem rosa-lila Himmel. Er schaut sich im Spiegel an, sodass auch zwischen den spitzen Felsen ein glattes Lila-Rosa liegt. Gott war ein Kind, als er das Tote Meer und seine Umgebung schuf. In die Spalten stellte er Steinböcke. Sie stehen immer noch wie angewurzelt da. Aber niemand schlägt hier Wurzeln, weil unter dem Boden kein süßes Nass wartet und der bunte Himmel nicht regnet. Tut er es einmal im Jahr zwischen November und März, springt das Wasser gleich von Stein zu Stein und schießt die Rinnen herunter durch die Wadis. In dieser Hektik versäumt das Wasser, in die Erde zu dringen.

Die Menschen haben ein schwarzes Band um den See gelegt. Auf dem fahre ich unter bonbonfarbenem Himmel am geschmolzenen Lolli entlang, mit einem Auge auf das Anthrazit, ob es herunterrollen und mich erschlagen will. Neben dem Asphalt zieht sich ein stachliger Zaun, bis ein Wohnwagen und ein Wärterhäuschen auftauchen. An denen lungern bewaffnete Twens in Militärkleidung und langweilen sich. Coole Cop-Sonnenbrillen tragen sie auf den sonnengebräunten und gecremten Nasen, Uzis über den sportlichen Schultern. Zu den Twens führen Seile. Die liegen auf dem Boden und überqueren die Straße. Wenn die Soldaten daran ziehen, schleifen eiserne Stachelmatten in die Mitte der Fahrbahn und lassen Reifen platzen.
Wer passieren darf, der passiert bald auch am rechten Hang einen exotischen Garten. In dem kann man für viel Geld wohnen. Wer kein Geld besitzt, fährt weiter, stellt sein Gefährt für ein paar Stunden auf einen Parkplatz und steigt links ab ins Meer. Dort sind die Steine in Salzkruste gebacken. Ich hebe einen auf und lecke an ihm. Ich werfe ihn fort. Das Salz springt ab. Die Bitternis spucke ich in den dunklen Sand. Ich steige ins Spülwasser. Auf der Oberfläche bildet es Schlieren und schleimt um meinen Körper herum einen schmierigen Film. Kein Fisch, keine Wasserpflanze, nicht einmal eine Alge mag darin leben. Ein Tropfen spritzt auf mein Lid, ich wische ihn ab. Infolgedessen klettere ich jetzt jammernd über rote und schwarze runde Steine, um fremde Menschen von der Süßwasserdusche zu stoßen. Schwarz bematscht stehen sie um mich her und warten. Der Morast trocknet auf ihren Leibern

und schauspielert Neoprenanzüge. Doch die Anzüge lassen sich abwaschen, wenn nur die Dusche freigegeben würde.

Ich stolpere zurück ins Schleimsalz, diesmal bedacht, die Glätte nicht zu kräuseln. Die digitale Leuchttafel am Pfahlbau der Lebensrettung zeigt 48 Grad Celsius Lufttemperatur an. Ich bekomme eine Gänsehaut. Wie hohe Temperaturen überlebt ein Mensch? Ich schaue mich um. Niemand außer mir gerät in Panik. Palästinenserinnen in Tschadors sitzen am Ufer und im Nass und essen Wassermelone. Ein sehr hellhäutiger Orthodoxer hat nichts an als seine Schläfenlocken und versucht eine Unterhose von Calvin Klein überzuziehen, bevor jemand sein schönes dunkles Schamhaar sieht. Das Handtuch ist in den Sand gefallen, er schlägt es aus und wirft es einem Bodybuilder zu. Der hockt im Meer und umarmt seine Freundin. Das Handtuch fängt er auf, hängt es ihr um, sie erhebt sich aus dem Wasser, steigt das Ufer hoch. Ein seltsames Vorgehen. Vielleicht rührt es von einem zerrissenen oder verschmutzten Bikini.

Deutsche Touristen schießen das Foto, das sie in ihren Reiseführern gesehen haben: im See sitzender Zeitungsleser. Wer keine Zeitung mitführt, bedient sich des Reiseführers. Ein Zitat wird zitiert. Ich denke über die Postmoderne nach, während ich versuche, die Füße, ohne dabei umzukippen, unter die Oberfläche zu drücken, um eine Vertikale zu bilden wie eine Boje.

Ich fürchte mich vor dem Wasser, das die Gesetze unserer Erfahrungen bricht. Ich habe Angst vor der Hitze, obwohl ich sie nicht empfinde, was mich noch mehr irritiert. Darum steige ich aus Gottes Kinderspiel und fahre bis Ein Boker. Dort stehen Hotels, wo einst Lots Frau stand. Vor Schreck und Grauen ist sie angesichts von Sodom zur Salzsäure erstarrt. Das war schon damals eine aus der Natur abgeschaute Metapher: Wo weder Badende noch Mineralindustrie liegen, bildet das Salz Figuren.

Wo Hotels und Touristen sind, ist die Natur nicht gefährlich, hier will ich es erneut wagen. Ich muss das in der Welt einzigartige Element kennenlernen, bis die saure Angst ins salzige Meer weicht. Doch als ich hinausschwimme, schlägt mir der Schwefelgestank der Hölle entgegen und wirft Blasen auf das glatte Wasser. Der Teufel liegt in der Badewanne und furzt. Auf dem Grund verbirgt sich ein Loch. Eine Stunde umkreise ich schwimmend den Blubber, bis ich wage, über ihn hinweg zu schwimmen. Der Gestank bringt mich fast um, aber nichts zieht mich tiefer als die 400 Meter, die ich schon unter Erdoberfläche und Meeresspiegel bin. Der Beweis ist erbracht, die Hölle existiert weder auf noch in diesem Planeten. Sie ist von Menschen gemacht. Die Hölle ist ein Hirngespinst, das machtlüsterne Leute in leergeräumte Köpfe gesetzt haben. Mit dieser Erkenntnis und stolzgeschwellter Bikinibrust steige ich an den Strand und mische mich unter hundert russische Rentnerinnen und Rentner.

Ich steige ins Auto und fahre in die Gesteinswüste des Negev. Verblichenes Rosa, Gelb und Grau nie vergehender Plastiktüten wehen über verrostete Dosen und Autos. Beduinen bewohnen Plastikplanen über Metallstangen. An den Straßenrändern warnen Schilder: »Feuerzone. Militärisches Gebiet.« Lautes Geräusch kündigt Kampfflugzeuge an. Sie fliegen wenige Meter über den ebenen Erdboden neben meinem Fahrzeug. Fliegen sie ein Übungsmanöver oder geht es nach Gaza? All die tote Materie und das Tod Verheißende fallen stärker auf als der Steinbock im Straßengraben. Er erntet das spärliche Gras in der Wasserrinne. Die Berge hinter mir streifen schwarze lange Kleider über. Der Himmel wird nächtlich.

Eilat am Roten Meer

Menschen drängen sich unter Schatten zusammen und werden zum Schwarm. Je enger und heißer es wird, desto öfter verlässt ein Individuum den Schwarm und durchquert die Hitze, um zum zweiten Schwarm zu gelangen, der die Treppe ins Korallenriff umlagert. Dort ziehen die Individuen einer nach dem anderen Neonfarben über ihr Gesicht und tauchen ab ins Blau. Ich folge ihnen. Unter Wasser geht es genauso zu. Fische umlagern das Treppengeländer und zupfen an Algensnacks. Die Sonne malt Schlieren aus Schatten und Licht ins Türkis. Hinein mischen sich Rot und Grün, und kommt ein Gelb hinzu, stoßen alle ab, das Auge vermag nicht zu verfolgen wohin. Das Meer verstopft jetzt meine Ohren. Ein aufgeblasener viereckiger Fisch, unschwer als Koffer zu erkennen, liegt auf dem Meeresboden im Sand, dreht den Kopf, sein Auge richtet sich auf mich, um zu schauen, was einen Schatten auf ihn wirft. Hauptsache keine dröhnende Ellipse mit für oben schwimmende Flossentiere tödlicher Schraube. Vielleicht ein großer Fisch, der stets an der Oberfläche bleibt und nicht gut schwimmen kann, mit Flossen, deformiert zu Extremitäten? Aber Obacht! Ein paar dieser Art können tauchen und versuchen Kofferfische zu berühren! Diese Art lässt sich an einem Wulst auf dem Rücken identifizieren. Besitzt das aktuelle Wesen nicht; der Kofferfisch wendet den Kopf entspannt Richtung Sand, des Weiteren desinteressiert an mir. Ich erkenne das Ich im anderen Ich.

Eine Diskussippe schwimmt zwischen Koffer und mich, stoppt, ich strecke den Finger aus, die Tiere entfernen sich. Niemals werde ich so schnell sein wie sie, sie werden mir stets eine Fischlänge voraus sein, und meine Neugierde und Zuneigung kann ihnen gestohlen bleiben.
Ein Schwarm Blaugrünfische umrundet einen muschelbewachsenen Felsen. Bei genauer Beobachtung werfen sie die darwinsche Theorie über den nahe gelegenen Jordan, alles tierische Handeln sei bloß eine Reiz-Reaktions-Kette, die letztendlich dem Fressen und der Fortpflanzung diene. Tiere sind doch keine Industriearbeiter! Mit ihnen im Blick ging Darwin zur Zeit der Industriellen Revolution in England spazieren und übertrug das Gesehene auf die Tierwelt. Die eigenen Beobachtungen und Frustrationen seiner Zeitgenossen passten zu Darwins Theorie. Was war der Sinn des Lebens? Arbeiten, um zu essen und damit es die Kinder einmal besser haben. Diese Freudlosigkeit hat nicht die Natur eingerichtet. In Wahrheit waren das Großgrundbesitzer, Unternehmer und Arbeitgeber. In der Umwelt besteht der Sinn des Lebens im

Leben selbst. Tiere und Pflanzen drücken Lebenslust und Leiden aus. Das ist zu erkennen, wenn ich sie beobachte, anstatt sie zu töten und zu sezieren. Das Geheimnis des Daseins ist kein Mechanismus wie ein Uhrwerk, das man versteht, wenn man die Uhr auseinandernimmt. Durch Töten lässt sich das Geheimnis des Seins nicht entdecken.

Eine Horde Stirnfische jagt sich durchs freie Wassergelände, rastet und sieht sich um. »Seid ihr alle da?«

»Ja!«

»Dann kann es ja weitergehen.«

Aber nee, die anderen haben keine Lust mehr und verteilen sich, hängen im Nass herum, tun nichts.

Ein Schnorchler rammt mich, weil wir beide unter unsere Leiber starren und die Wasseroberfläche nicht im Blick behalten. Kurz kehrt die Wahrnehmung in den Körper zurück und registriert, dass Po und Rücken sich warm und roh anfühlen. Meine Aufmerksamkeit lenkt einen Kraken ab, der sich Fels und Sand angepasst hat. Ich sehe ihn erst, als er sich aus dem Schatten einer Koralle hervorbewegt, weil er von einem Fisch angestupst wird. Dem wachsen zwei Fühler aus dem Maul, die den Oktopus anrühren wollen. Das tun sie wieder und wieder, sobald sich der Vielarmige niederlässt. Fühlerzunge verhält sich wie ein kleiner Bruder, der es nicht lassen kann, den trägen Teenager aus der Lethargie zu stören. Und wie der große Bruder den kleinen erschreckt, indem er abrupt aufsteht und hervorschießt, so tut es der Krake. Dabei bekommt er Flecken auf der mattbraunen Haut. Der Fühlerfisch macht einen Flossenschlag zurück, wartet ab, was geschieht. Nichts passiert, der Wurzelbeinige versenkt sich in sich selbst. Der Bruder fragt sich, was es da drin zu beschauen und zu bedenken gibt, da ist doch nichts. Er stupst von Neuem. Jetzt aber reckt der Langbeinige den Kopfleib in die Höhe und stößt auf den Fisch zu. Der hat den Bogen überspannt, das sieht er selbst, er dreht sich um und wirft sich hinter den Felsen.

Ich betrachte den Stein genauer. Er ragt bis unter meinen Leib herauf. Nach und nach erfasse ich, das es sich keineswegs um einen solchen handelt, sondern um Millionen Jahre alte Korallen. Schicht um Schicht haben sie gelebt und sind abgestorben. Heute lebt die Urenkelgeneration auf den Rücken der Verstorbenen. Mein Blick sinkt auf den Fuß des Riffs. Soweit wie die steinernen Lebewesen kann ich meine Ahnengalerie nicht zurückverfolgen.

Ein Schwarm orangeroter Flossenwedler steht zwischen den Korallenwänden und schaut die Wände an oder die Kumpane in den anderen Korallenzimmern oder, gleich dem Oktopus, in sich hinein. Ich sehe mich um, geradewegs vor die Stirnhöcker großer Fische. Alle wirken hier recht philosophisch und klug. Als röchelnder Schnorchler komme ich mir blöde vor.

Ich strenge die Extremitäten zu ein paar Schwimmzügen an – und halte meine Bewegung auf. Vielmehr versuche ich, Ruhe in die See zu bekommen, um erkennen zu können. Ich paddle rückwärts. Was ich ausmache, kann nicht sein, weil es nicht sein darf. Ich hebe die plötzlich furchtbar schwere Brille aus dem Wasser, um es nicht mehr anschauen zu müssen. Ich reiße den Schnorchel aus dem Mund, um einen tiefen Atemzug zu nehmen. Ich schaue mich um, wo ich bin und wie sich die Mitschwimmer verhalten. Bunte Röhren, Rücken und Hintern, überzogen von Cremeschichten ragen aus der See. Sie scheinen nichts zu bemerken. Das ist nicht möglich! Auch sie müssen es entdecken!

Ich stecke den Schnorchel in den Mund und tauche ab, weil ich gelernt habe, vor keiner Wahrheit die Augen zu verschließen. Meine Füße sind von der Oberfläche abgesunken und hängen im Meer über leblosem Sand. Wären sie wenige Zentimeter hinter mir untergegangen, wäre ich auf einer Koralle zu knien gekommen. Ich schwebe genau auf der Grenze zwischen Leben und Tod. Das Riff ist nur zwei Meter breit! Dahinter verlieren die lebenden Steine ihre Farbe, keine Fische sind zu entdecken, keine Kraken, keine knackenden Schnecken und Muscheln. Die See ist still, die Korallen sind tot. Ihre Gerippe stehen vereinzelt auf dem Boden, werden weniger, und nach einem Meter sind keine mehr da, nur noch Sand. Wüste unter Wasser. Der Anblick ist nicht zu ertragen. So stelle ich mir die Landschaft nach meinem Ableben vor. Ich tauche auf. Andere Schnorchler scheinen nichts zu bemerken, oder sie finden das normal. Kann das sein? Ich ziehe die Brille vom Gesicht, was ein Schmatzen erzeugt und mir die Haare ausreißen will, aber ich achte nicht darauf, sondern schaue zum Land gegenüber. Dort liegt Jordanien. Ein karges Gebirge steigt an, jenseits von Akaba scheint niemand mehr zu wohnen. Nur in einer Bergfalte am Ufer ragt ein Schlot nebst zweier Kräne in den Himmel. Leitet die Fabrik Gifte in die Bucht von Akaba? Meine Augen zwinkern gegen Salztropfen und suchen die Küstenlinie ab. Verseuchen die Jachthäfen von Jordanien und von Israel das Wasser? Oder die Tankstellen, Lastwagen, Kraftwagen, Hotelburgen und Häuser? Oder verlieren die Tanker vor der Küste Spritreste, Toilettenreste, Küchenreste, die die Korallen nicht vertragen? Oder sind wir, die Taucher und Schnorchler mit unseren Creme-schichten und Süßwasserduschen die Mörder?

Am Ufer des Gelben Meeres sah ich ausgedehnte Teppiche von Verpackungen anschwemmen. In ihnen werden die drei Mahlzeiten des Tages verpackt, damit man sie überall mit hinnehmen kann. Nachts kippt man sie von Bord.

Hier wabern winzige Plastikfetzen durch das Wasser. Fische und Vögel fres-sen sie, bis sie voll sind und an der »gefakten« Nahrung verhungern. Sterben auch die lebenden Steine am Plastik? Ich weiß keine Antwort und halte es in der Todeszone nicht mehr aus. Schnell und doch kraftlos, als wäre ich krank, schwimme ich zurück, habe das Gefühl, nicht von der Stelle zu kommen, wie als Kind in Albträumen. Der rettende Griff nach dem Geländer am Gestade. Die Hand gleitet ab. Die Algen wollen mich nicht an Land lassen. Ich soll dafür büßen, was wir getan haben. Warum ich? Ich bin wenigstens unglück-lich! Es gibt Massen von Menschen, die laden schreckliche Schuld auf sich und leben ganz famos damit. Nur wer die Schuld verspürt, sie annimmt und nicht von sich weist, geht unter.

Ich blicke zu den Gesichtern auf der Treppe. Kinder kreischen. Sie ziehen Taucherbrillen, Schnorchel, Flossen an und aus, werfen Gummiboote, Luftmatratzen ins Meer und holen sie heraus, reinigen Finger von Eiscreme im Wasser. Ich schaue den Schlieren auf der Oberfläche nach. Sie verfangen sich im Haar eines Schnorchlers, der da unten nichts anderes als meine Beine sehen kann. Ich steige aus dem Meer, schiebe die Kinder beiseite, klettere über ihre Plastikschuhe. Sie sind nicht böse darüber, bemerken es nicht einmal, Rücksichtnahme ist von beiden Seiten her nicht üblich. Über den Sand renne ich zu meinem Mann, der soll trösten. Er sitzt im Schwarm unter dem Schatten. Es ist enger und lauter geworden. Kinder glotzen ihn an wie einen seltenen Fisch. Der Mann muss was Besonderes sein. Er setzt kein Grinsen auf, sobald man ihn anschaut, fängt nicht an in Kindersprache zu reden und unfähig zu spielen. Der da sagt nichts und tut nichts. Umso spannender ist er für die Kinder.

Sein Kind bin ich, ich werfe mich vor seine Füße, blicke zu ihm hoch und will anfangen: »Das Riff stirbt!« Da antwortet er: »Schau, den Mann im Taucher-anzug dort im Flachen haben sie auf Iwrit, Englisch und Russisch ermahnt, er soll aus der Ufernähe verschwinden, wo er die Korallen zertrampelt. Ent-weder hat er Wasser in den Ohren …«

»Wieso hat er die Leine nicht gesehen? Sie sperrt das Schwimmgebiet ab. Und Schilder erklären, wie es funktioniert. Du musst über die Stege gehen, bis du über das Ufer hinaus bist, damit du die Korallen nicht kaputtmachst.«

»Jetzt holen sie ihn mit einem Jeep.«

»Warum zieht sich der Zuständige einen Taucheranzug an?«

»Weißt du, wie scharf die Korallen sind?«

»Ja, ich hab mein Knie aufgeschlagen. Schau!«

Aber er wirft nur einen Blick auf das perfekt geformte und zerkratzte Bein. Ein Angestellter des Strandes, der einen Besucher seine Autorität spüren lässt, ist interessanter für meinen Mann und vielleicht alle Männer des Planeten. Obwohl – ich sehe mich um. Andere Herren betrachten weder die Knie der Gattinnen, noch wollen sie erfahren, auf welche Weise der im Taucheranzug, der die Korallen zerstört, die Macht der Strandoffiziellen zu fühlen bekommt. Vielmehr versuchen die Väter, ihre Nachfahren unter Kontrolle zu bekommen, ihre Häute zu waschen, einzucremen, Plastikessen und Plastikgeschenke auszupacken, die man im Shop beim Eintritt auf den Coral Beach erwerben kann. Kein Wunder, dass sie die Umweltzerstörung des Neoprenmanns mit Wasser in den Ohren nicht bemerken. Und auch nicht die große Katastrophe. So sehr, wie sie mit ihrem eigenen Werk der Zerstörung und dem ihrer Abkömmlinge beschäftigt sind.

Der Neoprenmensch wird vom anderen aus den Korallen gezogen, auf den Jeep verladen und zum Ausgang gebracht. Dort lassen sie ihn laufen, als sie und wir hören, warum der nicht auf die Autorität gehört hat: Er spricht Französisch.

Kinder kleckern Eis und Sand auf unsere Handtücher und Kleidungsstücke. Wir werden verdrängt von der jungen Generation. Teile von uns liegen schon in der sengenden Sonne. Wir sind aus dem Schwarm verstoßen. Niemand holt uns herein.

Jordanien
Akaba und Wadi Rum

Ich hatte nie Interesse, arabische Staaten zu besuchen. Als Frau und als ehemalige Gesamtschülerin gehen mir die Werte der Humanität, der Aufklärung, der Französischen Revolution, der Demokratie und der Emanzipation über alles. Warum sollte ich mich bei Nationen umsehen, die den europäischen Teil der Weltgeschichte nicht mitgemacht haben, somit anderen Werten folgen? Natürlich kenne ich die Antwort: Damit mir das Fremde nicht fremd bleibt, sondern vertraut wird. Trotzdem: In muslimischen Ländern käme ich mir gering geschätzt vor und müsste trotz Hitze alle Haut bedecken. Seit ich jedoch ein halbes Jahr in Israel arbeite, bedecke ich meine Haut nicht trotz, sondern wegen der Hitze, und da ich mein winziges Gastland bis zu seinen engen Grenzen durchquert habe, beginne ich neugierig auf seine Nachbarn zu schauen.

Mein Mann und ich haben uns vom Busbahnhof in Eilat mit dem Taxi zur Grenze bringen lassen. Am ersten Schlagbaum zahlen wir Schekel, um ausreisen zu dürfen. Wir gehen zu Fuß mit dem Koffer über die sonnengleißende Straße zwischen Stacheldrahtzäunen, die uns vom Betreten der Minenfelder rechts und links abhalten. Am zweiten Schlagbaum bezahlen wir Dinar, um einzureisen. Eine Maschine scannt meine Iris, weil ich in Israel arbeite. Mein Mann darf ohne Iris-Scan passieren. Unter dem zweiten Schlagbaum stoppen Autos, die Fahrer schrauben jordanische Nummernschilder an. Entweder führten sie in Israel andere Schilder, um sich sicherer zu fühlen, oder die Wagen wurden in Israel gekauft. Ein Beamter befiehlt uns in sein Büro, heißt uns beim Ventilator sitzen. Wir sollen ihm ein paar Wörter Deutsch beibringen. Bei der Gelegenheit lerne ich, dass die Zahlen in Neuhebräisch und Arabisch gleich lauten. Nach unserer Entlassung steigen wir in ein Taxi und lassen uns durch einen Streifen Mandelplantage in die Stadt bringen. Unter den Bäumen ernten Frauen und Kinder.

Es ist ein lauer, seidiger, dunkler Abend, als wir in Akaba ankommen und den ersten Spaziergang am Meer entlang, zwischen Geschäften, Restaurants, Bars und Märkten unternehmen. Die letzten Badenden in Burkas und Bermudas steigen aus dem Salzwasser und kaufen eingelegte Oliven, frische grüne

Mandeln und selbst zubereitete Zitronenlimonade zur Stärkung. Männer in Polohemden umringen Männer in weißen Kaftanen. Um ihre Köpfe werfen karierte Tücher Falten. Man nennt sie Kufija oder Kefije. Mithilfe von Kordeln namens Igal, die früher aus Kamelhaar gefertigt wurden, widerstehen sie dem Wind. Die Herren in Kaftanen wirken würdevoller als die westlich gekleideten. Sie bewegen sich in Ruhe. Ihre Gelassenheit und ihre Position in der Mitte der Gruppen lassen auf Autorität schließen. Kinder suchen Handtücher und wischen sich den Sand von den Rücken. Auf einem Grünstreifen zwischen Promenade und Straße ernten alte Leute Salat und Gemüse aus kleinen Beeten. Am Ende der Promenade weht an einem Mast, höher als alle Gebäude der Stadt, eine hausgroße jordanische Flagge. Der schwarze, der weiße, der grüne Streifen und der weiße Stern im roten Dreieck wellen sich und weisen nach Israel. Die Fahne muss auf der anderen Seite der Bucht gesehen werden. Eilat liegt eingekeilt zwischen Jordanien und Ägypten am Roten Meer. Innerhalb eines Tagesmarsches ließen sich beide Grenzen überwinden.

Das Erste, was einer Deutschen auffällt, sind die Spirituosengeschäfte voller arabischer Kunden. In den Restaurants gibt es keinen Alkohol. Auf den Terrassen um die Pools der internationalen Hotels herum werden Europäern und Amerikanern teure alkoholische Getränke serviert. Den Gästen aus arabischen Ländern tragen Bedienstete Softdrinks und Shishas herbei. Ein Kellner bereitet drei Damen die Wasserpfeife, stopft den Tabak in den Pfeifenkopf, legt ein Stück glühende Holzkohle darauf, klemmt das Mundstück zwischen seine Lippen und raucht die Pfeife an. Er reicht der ersten Frau den geflochtenen Schlauch. Gespannt beobachte ich, wie sie das Mundstück, das eben noch im Mund der Bedienung steckte, zwischen ihre Lippen presst, während sie den Freundinnen lauscht. Sie vergisst dem Bediensteten zum Zeichen, dass die Shisha zieht und er sich entfernen kann, zuzunicken. Er bleibt bei der Sitzgruppe stehen, bis er das verspätete Nicken bekommt.
Aus einem Konferenzsaal treten Männer in Maßanzügen und Geschäftsfrauen in Kostümen mit oder ohne Kopftuch. Ich will nichts sehen, was an Arbeit erinnert, Ich habe Oster- und Pessachferien, darum laufen wir zurück auf die Straße. Hochgewachsene, gut gekleidete Herren führen ebenso großgewachsene verhüllte Damen in edlen Stoffen spazieren. Da von ihnen nichts zu

erblicken ist als die blitzenden, vom ebenmäßigen, lang geschwungenen, kohleglänzenden Lidstrich hervorgehobenen Augen, wandert der Blick des Betrachters unwillkürlich zu diesen Augen und bleibt daran kleben so lange es eben geht, so lange, bis der Vorübergehende den Kopf unschicklich verdrehen müsste, um der Vorbeischreitenden zu folgen. Erst wenn der Anblick der Augen zwangsweise abgerissen ist und der Blick des Betrachters am Rücken der Schreitenden zu Boden sinkt, fällt auf, dass die Dame gar nicht so hochgewachsen ist. Sie trägt Stöckelschuhe unter Niqab und Tschador. Der Betrachter muss jetzt seinen Blick fortziehen, andernfalls stieße er gegen den nächsten Anzug mit Goldknöpfen, das angaloppierende Polopferd oder den kommenden edlen Tschador. Und wieder ziehen ihn perfekt geschminkte Augen in ihren Bann, als wäre er nie aus den Kindergeschichten aus 1001 Nacht aufgewacht. Die europäische oder amerikanische Frau, die sich nicht aus blankem Neid in ihrer Fremdenfeindlichkeit einrichtet, kann nur gestehen, dass diese verhüllten, aber eindeutig und sehr weiblichen Geschöpfe würdevoller und geheimnisvoller erscheinen als wir in allen Kleidern von Yves Saint Laurent, Armani und Esprit jemals wirken können. Wer heute Nacht verachtet, statt zu bewundern, ist arm.

Eine Lücke auf dem Gehsteig entsteht, weil eine Gruppe dieser Ladys sich von den Herren trennt, um ein Dessousgeschäft zu stürmen, wo die Frauen stundenlang Vergleiche ziehen zwischen Lila und Rot, Spitze und Seide, durchsichtigem BH oder BH-freiem Korsett, oder lieber das platinfarbene Negligé? Ich stehe auf der Schwelle des Geschäfts und kann nicht weiter vor Staunen. Warum weiß ich von alledem nichts? Was oder wer hat mein Bild geprägt? Die Medien? Oder die Gastarbeiterfrauen aus Anatolien, mit denen ich aufgewachsen bin? Natürlich haben die nicht geheimnisvoll und erotisch anziehend gewirkt. Unsere Mütter im aufzubauenden Deutschland ja auch nicht. Beide hatten viel zu wenig Zeit und Geld, um sich ihrer eigenen Ästhetik zu widmen. Diese Damen in Akaba sind im wahren Sinn des Wortes gutbetuchte, die nicht nur wirken wie Prinzessinnen aus 1001 Nacht, sondern die aktuelle Form davon darstellen. Wir sind im wahren Orient angekommen.

Jordanien ist ein moderner, wohlhabender Staat, was nicht heißt, dass es keine armen Leute gäbe, vor allem unter Beduinen. Sie wurden zur Sesshaftigkeit gezwungen, sodass sie nicht mehr von Weidegrund zu Weidegrund ziehen können. Die Regierung hat ihnen Häuser zugewiesen, die in halb fertigem Zustand verblieben sind. Ihre Einwohner hüten Ziegen und Kamele und stellen Touristenschmuck oder traditionelle, bestickte Beduinenkleider her. In ihrer Freizeit sitzen sie wie wir vor Fernsehern oder reparieren ihre Autos. In Kontakt kommen wir mit ihnen als Kamelführer oder Taxifahrer.

Der Taxifahrer ist der natürliche Feind des Touristen. Alle anderen sind ausgesprochen nette Erdenbürger.

»Willkommen mein Freund, woher kommst du?« »Ah, Deutschland, Willkommen. Willst du Kamel reiten? Oder eine Jeeptour durch die Wüste? Ich kenne einen Freund, der macht es billig. Brauchst du Mitbringsel? Ich weiß, wo du die besten findest. Wunderschön. Willst du zu einem Beduinencamp? Ich kenne das billigste, aber es ist sehr schön und sauber. Musst du Geld wechseln?«

Der Taxifahrer unterbricht den Versuch, uns allerlei Geschäfte aufzudrängen nur, wenn das Telefon klingelt. In dem Fall beginnt er zu schreien, dass wir fürchten, es handele sich um einen Bruderzwist, Ehestreit, tödlichen Autounfall eines Kollegen, Terroranschlag oder Krieg.

»Was ist geschehen?«, müssen wir erfahren, nachdem er das Handy ausgeschaltet und die Fahrspur wiedergefunden hat.

»Was?« Er versteht nicht.

»Was ist passiert? Du warst aufgeregt am Telefon.«

»Ich? Nein. Alles in Ordnung mein Freund.«

Dass mein Mann sein Freund ist, sagt er durchschnittlich alle zehn Minuten. Diese Art von Freundschaft hindert ihn nicht, am Ende mehr Geld zu verlangen, als er vor Antritt der Fahrt akzeptiert hatte.

Ich muss an den Vortrag des ehemaligen Offiziers der israelischen Armee, Herrn Krämer, denken. Er erklärte den Bedeutungsunterschied zwischen dem arabischen Wort für Frieden und dem für Brüderlichkeit. Friede mit Ungläubigen ist praktikabel, wenn Zeit und Umstände den Dschihad nicht günstig erscheinen lassen. Ziel der nicht unbedingt gewalttätigen Anstrengung ist die Ausweitung der Scharia, des islamischen Gesetzes, über möglichst weite Gegenden der Erde. Ziel ist folglich die Missionierung, ebenso wie christliche Europäer sie betrieben hatten. Brüderlichkeit aber kann es nur unter Gläubigen geben, also unter Moslems. Was bedeutet meinem

Taxifahrer und allen Händlern, denen ich über die Marktstände laufe, das englische Wort Freund? Dasselbe wie das arabische? Oder heißt es Kunde? Oder netter Trottel? Wir fühlen uns wie dumme Kinder behandelt, eben so, wie wir Europäer und Amerikaner häufig mit Mitmenschen anderer, in unseren Augen unterentwickelter Kulturen sprechen.

Wenn wir Touristen jordanische Taxifahrer wünschen, die sich verhalten wie Mitglieder unterentwickelter westlicher Kulturen, sollten wir von unseren Hotels aus Taxis rufen. Dann bekommen wir einen jungen studierten Computerfachmann oder Manager, der im Hauptberuf sein Unternehmen aufbaut. Der weiß, was der Europäer nicht will. Auch telefoniert er leise. Die Permanenz des Telefonierens ist das alle Feinde, Religionen und Kulturen vereinende Merkmal, egal ob Amerikaner, Araber oder orthodoxer Jude.

Wir verlassen den Vorzeigeteil von Akaba, quetschen uns in die Gassen des Armenviertels, um neben einer dachlosen Ruine zu stoppen. Zwischen roten Mauern sitzt ein Schwarzer in einem Liegestuhl. Als er das Motorengeräusch hört, steht er auf, greift nach einem Kanister und betankt unser Taxi. »Kostet weniger als an der Tankstelle«, sagt der Fahrer. Bei dem Versuch, mir selbst zu erklären, warum das so ist, vergeht derart viel Zeit, dass ich nach einer Erklärung nicht mehr fragen will. Ich bestätigte womöglich sein Vorurteil, aus einer Spätzünderkultur zu stammen. Auch greift der Fahrer schon voraus, indem er den gelben Sand auf den Loren der Eisenbahn erläutert. Wir begleiten sie eine Weile parallel zum Schienenstrang. »Das ist Phosphat. Daraus wird Dünger hergestellt. Der wichtigste Wirtschaftszweig Jordaniens.«

In der weiten Ebene liegen Straße, Schienen, verrostete Dosen und Plastiktüten unter trockenen Büschen sowie vereinzelte, einstöckige, bewohnte Rohbauten. Statt Dächer ragen aus ihrer Betondecke Eisenstangen, sodass bei Familienzuwachs der zweiten Generation oder bei finanziellem Glück leicht ein neues Geschoss aufgegossen werden kann. In der umgebenden Wüste sind Rechtecke zu entdecken, folglich menschengemachte Flächen. Bei genauem Hinsehen erkenne ich Reihen kleiner Pflanzen. »Kamelfutter«, erklärt der Fahrer.

Wenn aus der grauen Steinwüste ockergelbe Sandwüste wird, nähern wir uns Wadi Rum. Bevor die Sandfläche zu schwer erklimmbaren, weil rutschenden

Bergen ansteigt, steht ein Haus inmitten der Landschaft. Jeeps, Dromedare, Beduinen, Amerikaner und Europäer lungern herum, bringen Karten gegen und mit dem Wind zur Entfaltung und tauschen kleinere, dünnere, bunte Papiere aus, auf denen die Prominenten und Wahrzeichen der Nationen abgebildet sind. Die Geldscheine flattern zusammen mit den Landkarten, Beduinengewändern, Kufiyas und Sattelkordeln, jedes in seinem eigenen Geräusch. Wir zahlen Touristeneintritt in die Landschaft und fahren gleich weiter zu ein paar Kilometern entfernten gelben wie Pilzköpfe geformten Felsen. Unter ihren Hüten sitzen Tauben und schwarze Vögel in kleinen Nischen. Die Natur scheint sie speziell für die Tiere gefertigt zu haben. Die Sänger lustiger Laute springen und spannen im freien Fall gelbe Flügelspitzen aus. Bis zu den Vogelwohnungen hinauf ragen Zelte aus schwarzem grobem Sackleinen. Sie riechen nach trocknender Nässe. Außer den diskutierenden Arabern höre ich ab und an den dunklen Ton eines Dromedars oder das Rascheln einer Plastiktüte, die vom Wind durch die Ebene getrieben wird. Uns wird Zelt Nummer 50 zugewiesen. Der Eingang ist offengeschlagen, er gibt den Blick auf sandige, arabische, rotblaue Teppiche und ein großes Bett frei. Darauf liegen Decken und Laken.

Ich habe einen Tick: Ich schaue immer unters Bett. Hier finde ich, was ich noch nie fand: Keinen Fußboden, keine Staubknödel, sondern unebenen Sandboden. Das fasziniert mich derart, dass mich ein vorbeikommender Angestellter im grauen Kaftan mit Stehkragen schwitzend vor dem Bett hockend findet.

»Alles in Ordnung, Madam?«

»Oh ja prima. Darf ich fragen, ob Sie Beduine sind?«

»Dürfen Sie. Nein, ich komme aus Ägypten. Wie alle meine Kollegen, die Sie hier bedienen.«

»Warum kamen Sie nach Jordanien?«

»Weil es mehr Arbeit gibt und gute Bezahlung.«

Währenddessen wandern hochqualifizierte Jordanier in die noch reicheren Arabischen Emirate aus. Mir kommt es vor, als hätte ich Wanderbewegung und Wirtschaft der Welt auf einen Schlag verstanden: Jeder geht in die nächstreichere Nation, um besser zu verdienen. Wie kann sich dann ein Land über Einwanderer beschweren, sind sie doch ein Zeichen für Reichtum?

»Vielen Dank für Ihre Auskunft.«

»Gern geschehen. Das Büfett öffnet gleich. Was wünschen Sie zu trinken?«

»Kaffee, bitte.«

»Türkisch, arabisch oder amerikanisch?«

»Den mit dem Kardamom, bitte.«

»Arabisch, sehr wohl.«

Vor dem Essen kommen Touristen auf roten Sofas unter langen Zeltplanen aus schwarzem Wollstoff zusammen, tauschen sich über Herkunft, Reiserouten, Erlebnisse aus, geben Tipps und kraulen Katzen. Die drei Buffets am Tag beginnen mit Schüsseln von buntem Salat, Roter Bete, Weißkraut, Bohnensalat, Sesampaste, Hummus, Auberginenmus, scharfer Soße. Über ein gewölbtes Blech wirft der Bäcker eine hauchdünne Teigdecke. Er befeuert sie, bis er das Brot abzieht. Als Hauptgericht reicht der Grillmeister Spieße und der Koch in fein gewürzter Milchsoße eingelegtes Lamm. Ich denke an das Koscher-Gebot im Nachbarland: »Du sollst nicht das Lamm essen, das in der Milch seiner Mutter liegt.«

Aber ich erinnere auch mein persönliches Gebot: »Du sollst dir vertraut machen die Sitten und Gebräuche aller Herren Länder, damit niemand dir Falsches über sie einreden und sie dir aus egoistischem Interesse zum Feindbild malen kann.«

Nach dem ersten Bissen verstehe ich, dass dieses Gericht verboten gehört. Es schmeckt so köstlich, dass wenn Alle es äßen, sie die Zahl der Lämmer dermaßen dezimierten, dass es keine Nachkommen mehr gäbe und Schafe auf der Roten Liste bedrohter Tiere stünden.

Wir lümmeln auf Sofas unter wollenen Zeltplanen und beobachten Katzen, die uns beobachten. Nachdem die Angestellten abgetragen haben, bitten sie zum Holzfeuer. Es lodert in einer Pfanne. Sie servieren Tee und greifen zur Darbuka, der arabischen Trommel, und zu der bauchigen Gitarre. Wer von ihnen übrig bleibt, bindet ein Tuch um die Hüften und tanzt um das Feuer.

Der Tänzer unterbricht die wilde Vorführung, um die Zeltwände herunterzulassen. Es regnet in der Wüste!

Warum bereisen wir Wüsten? Um die Faszination totaler Trockenheit und ihre Wirkung auf die Landschaft zu erleben. Unser Reisemotiv ist dahin, wir wollen nach Hause und unser Geld zurück!

Der Donner ist lauter als die Instrumente, einer nach dem anderen zieht sich in sein Zelt unter die vielen Laken zurück. Der Generator wird abgeschaltet, das elektrische Licht erlischt. Blitze erhellen die Tropfen. Sie sammeln sich unterm Zeltdach, bevor sie die Matratze beträufeln. Ich ziehe die Decken dicht um mich herum, sie halten warm gegen Wüstenkälte und Wasser. Unwillig werfe ich sie ein letztes Mal von mir, um das Gepäck unter das Bett zu schieben, damit die Kleider trocken bleiben. Der Teppich ist nass.

Zwischen dem Donnern höre ich die Angestellten rufen. Ihre Stimmen laufen hin und her. Wäre es nicht nass und kalt, ginge ich nachschauen, was los ist. Als Nächstes höre ich eines der Dromedare schreien. Sie stehen innerhalb eines Steinwalls vor dem Zeltlager. Die Laute schneiden mir in die Seele. Obwohl mir Höckertiere weitgehend unbekannt sind, erkenne ich, dass die Schreie Leiden ausdrücken. Verstünde ich etwas von Dromedaren, schritte ich augenblicklich zur Rettung. In meiner Hilflosigkeit bleibt mir zu hoffen, dass die Männer dem Tier helfen und es nicht quälen.

Am Morgen erfahre ich, dass in der Nacht ein kleines schwarzes Dromedar vor der Zeltstadt geboren worden ist. Vielleicht ist es wegen ungewohntem Donner, Blitz und heftigem Regen frühzeitig zur Welt gekommen. Der Hirte führt mich hin. Er versucht mit einem Griff unter den Leib, die Beine des Jungen auszufalten und zum Stehen zu bringen. Das Neugeborene ist zu schwach, das Muttertier bemüht sich, den Kerl zu beißen und zu verdrängen. Stattdessen vertreibt er das zwei Meter große Tier, damit ich den langen schwarzen Schwanenhals und die winzigen Teddyohren streicheln kann. So sehr ich mich nach solchen Berührungen sehne, tue ich es jetzt aus Höflichkeit und beeile mich, fortzukommen, um die Sorge der Mutter zu verkürzen. Sie wird heute ausnahmsweise keine Touristen tragen. Auch trägt sie anders als die Artgenossen keine Fußfesseln. Beduinen errichten keine Zäune und Ställe, sondern binden die Beine der Tiere zusammen oder pflocken sie im Boden an. Von Weitem scheint ein Dromedar stets frei in der Wüstenlandschaft zu stehen.

Wir verzichten auf einen Ritt und ziehen das laute, luftverpestende Gefährt vor, um in die Stille der Wüste zu dringen. Wenn der Fahrer den Motor abstellt, springen wir von der Ladefläche des Jeeps und erklimmen einen

Sandberg. Mir stockt der Atem nicht vor Anstrengung im Kampf gegen das nachgebende Element unter den Füßen, sondern von der Grandiosität und Erhabenheit der Sand- und Gesteinsformationen. Ich höre das Rieseln um mich herum, den Schrei des Adlers über mir, das Rufen der Beduinen, das Klopfen ihrer Stöcke gegen Höckertiere und Ziegen und den Wind, der auf den Löchern in den Felsen Tonleitern übt. Der Fahrer bringt uns zu Orten, wo niemand anderer ist als er und wir. Die Männer bleiben beim Wagen, ich schreite noch tiefer in die Einsamkeit. Dort spüre ich, es bräuchte Tage oder Wochen, bis mich Visionen überkämen, wie Moses, Jesus und Mohammed sie in dieser Landschaft erfuhren. Alles, was mich hindert, ist der wartende Ägypter und sein Jeep. Ich kehre um und versuche die verschiedenen Alter der Plastiktüten und Getränkedosen zu ermitteln. Selbst in der scheinbar vollkommenen Abgeschiedenheit ragen sie aus dem Sand, wachsen an vertrockneten Büschen und lugen aus Felsspalten hervor. Sie sind unvergänglicher als der Felsen. Man müsste reich werden, wenn man eine Recyclingfirma gründete und die Beduinen dazu brächte, den Müll zu sammeln und abzuliefern.

Wir lassen uns das laienhaft in Stein gemeißelte Abbild von Lawrence von Arabien zeigen und die Angabe 1917 entziffern. Ich begreife, dass Araber den Engländer verehrten, der sich für ihren Aufstand gegen das Osmanische Reich einsetzte. Ich verstehe nicht, dass sie ihn weiterhin verehren, nachdem sie sein Motiv entdeckten, seinem eigenen Land Macht und wirtschaftlichen Gewinn zu sichern. Wenn er das später auch bereute.

Beim nächsten Halt gibt es angeblich vorzeitliche Felsmalereien zu sehen. Gegenüber wartet ein Verkaufstand für Tücher, Schmuck, Tee, Trommeln, Weihrauch. Wir werden zum Tee eingeladen. Die Männer nehmen ihn um einen kleinen Kohlekocher herum auf Kissen sitzend ein. Danach zeigt der älteste den jungen, wie man ein Auto ohne Batterie, ohne abschüssige Straße, überhaupt ohne Piste und ohne Anschieben zündet. Der Wagen steht im Sand. Umso schwieriger ist es, dem Wagenheber Standfestigkeit zu verleihen. Der Jordanier schürzt seinen Kaftan hoch, um sich Beinfreiheit zu verschaffen. Er wickelt ein Seil um das freischwebende Hinterrad. Daran zieht er kräftig, bringt das Rad in Schwung – das Auto kippt vom Bock. Der Bärtige probiert es ein zweites Mal. Der Motor läuft. Die jungen Männer springen in den Wagen und fahren und fahren im Kreis im Sand und lachen, lachen tiefe Rillen in die Stille.

Der Jeepfahrer möchte uns eine Fahrt in den Sonnenuntergang verkaufen, doch wir glauben, den Untergang ebenso gut auf einem Felsen nahe des Lagers verfolgen zu können.
Unser Zelt ist bei der Rückkehr ausgeräumt. Wie alle anderen auch. Teppiche und Betten trocknen in der warmen Sonne vor den Gemächern.
Als wir der untergehenden Sonne entgegengehen, kommen Jeeps und Dromedare aus allen Richtungen aus der Wüste, um Touristen abzuladen. Wohin hätte uns unser Fahrer gebracht? Wahrscheinlich an jenen Ort, von dem diese Touristen abgeholt worden sind.
Ich habe beide Kulturen kennengelernt, ich glaube beurteilen zu können, dass Araber den Amerikanern in der Verwirklichung des Kapitalismus nicht hinterherhinken.

In der Wüste sind, wenn man keine Erfahrung besitzt, Entfernungen schwer abzuschätzen. Vom Zeltplatz aus erkenne ich in unbestimmter Ferne ein rotes Geländer, bestehend aus einem Strang, der sich im Bogen wölbt und im Dunst verliert. Der Boden innerhalb des Gestänges weist das gleiche Material auf wie die Umgebung, nämlich Sand. Sein Muster unterscheidet sich. Am Rande des Runds ragt ein Gebäude auf. Es mag eine Tribüne und eine Sprecherkanzel darstellen, im Verhältnis zur Arena und im Vergleich zu Leichtathletikstadien, Formel 1 Parcours, Pferderennbahnen wirkt sie jedoch klein, um nicht zu sagen mickrig. Im Näherkommen erkenne ich in dem Muster im Sand die charakteristischen runden Spuren mit zwei Zehen von Kamelfüßen und die eines Traktors. Im Dunst am vermutlichen anderen Ende der Kamelrennbahn in zwei oder drei Kilometer Entfernung schaukeln drei dunkle Punkte. Nach einem Viertel der ovalen oder Kreisbahn sind es nur noch zwei. Die Bewegung formt sich zum typischen Rhythmus eines trabenden Dromedars und bald lässt es die bunten springenden Troddeln an Satteldecke und Zaumzeug erkennen. Die ganze schwingende Bagage hält vor mir an. Der Reiter fragt, ob ich mitreiten will. Er trainiere. Ich gestehe, wenn es sich um das freundschaftliche Angebot handelte, nach dem es klingt, könnte ich nicht widerstehen. Da ich aber weiß, dass es sich um dasselbe kostenpflichtige Angebot handelt, wie das jedes Dromedarführers, der bisher meine Spuren im Sand kreuzte, lehne ich ab und der Reiter geht in die zweite Runde.

Von außen, vom Horizont der Wüste bewegen sich weitere dunkle Punkte heran, ich nehme an, die drei Reittiere bekommen Konkurrenz. Doch um den großen Punkt herum schwanken viele kleine in einem anderen Rhythmus, zwischen denen zwei Striche einen dritten Rhythmus zeichnen, aber nicht vertonen. Denn selbst als das Dromedar ohne Reiter, das Dutzend Ziegen und die Frau mit ihrem Sohn vorbeigehen, geben sie kein Geräusch von sich als ein leises Mahlen von Sand unter den fleischigen Füßen des Höckertiers und einem »Salam aleikum«.

»Aleikum salam«, antwortete ich, »auch mit dir sei Friede.«

Und mit uns ist Friede zu dieser stillen Stunde in der leisen Landschaft. Nichts ist zu hören als die Plastiktüten, die über den Sand hüpfen.

Petra

Am frühen Morgen fahren wir Stunde um Stunde durch Felsformationen. Sie regen die Fantasie an, die Figuren im Felsen zu deuten, sie schaffen Sehnsucht nach Ferne und Freiheit und lassen uns staunen wie Kinder, die ihre Welt entdecken. Allein die Straße, die Blechdosen, das Plastik sowie die vereinzelten Rechtecke der flach und spärlich bewachsenen Felder in der Unordnung der Steine tun kund, dass in dieser Gegend Menschen wohnen. Manchmal beginnen Felstrümmer zu gehen und zu leben. Bald werden Schafe oder Ziegen daraus, die sich wie ein wandelndes Steinfeld langsam über die Schräge eines Hügels bewegen.

Ich schlage dem Taxifahrer vor, er möge Gestein und Sand verkaufen, das Land besitzt unendlich viel davon. Der Fahrer lacht. Ich ahne noch nicht, dass die Beduinen von Petra genau das tun. Vor allem Frauen und Kinder sammeln die von gelben, roten, blauen, weißen und schwarzen Streifen durchzogenen Steine und vermarkten sie am Stück oder zermahlen sie. Kunsthandwerker gießen den bunten Sand zu Landschaften mit Kamelen und Coca-Cola-Schriftzügen in kleine Flaschen. Diese Händler sind die letzten Beduinen, die in den Höhlen der antiken Stadt wohnen dürfen. Alle anderen wurden durch die Regierung auf Drängen von Archäologen vertrieben. Sie leben jetzt in der modernen Nachbarstadt Wadi Musa vom Tourismus.
Wadi Musa bedeutet »Mosestal«. Nach dem Auszug der israelitischen Sklaven aus der ägyptischen Gefangenschaft soll Moses hier mit seinem Wanderstab gegen einen Felsen geschlagen haben, aus dem daraufhin eine Quelle sprang. Mein Taxifahrer weist auf den 1400 Meter hohen Berg, der angeblich dem biblischen Hor entspricht. Auf ihm soll Moses Bruder Aaron begraben liegen. *Aron* heißt auf Neuhebräisch *Schrank*. *Aron habrit* ist die Bundeslade, in der die Zehn Gebote durch die Wüste getragen wurden. *Aron kodesch* ist der Schrein zur Aufbewahrung der Thora. In ihr wird Moses Leben, der Auszug der Hebräer aus Ägypten, ihre vierzig Jahre lange Wanderung durch die Wüste beschrieben. Der Hohepriester Aron hütet Bundeslade und Thoraschrein. Zugleich ist er das Gefäß, das Gebote und Thora verinnerlicht.

Die Israeliten gehörten ebenso wie Aramäer und Edomiter zu den Hebräern. Wir durchfahren das Land Edom, das die Edomiter 1500 vor Chr. bewohnten. Der Name bedeutet »Rot«. Zwischen den roten Felsen siedelten bereits vor 10 000 Jahren Menschen.

Das Auto rollt auf einer abschüssigen Straße in die Stadt des 20. Jahrhunderts. Der Fahrer berührt kurz die frischgeschnittenen, gegelten schwarzen Haare und erklärt, hier habe er vor seiner Studentenzeit gewohnt. Dort auf dem Balkon sei nach einem Fußballspiel ein junger Mann versehentlich erschossen worden. Vor lauter Freude hätten die Leute unten auf der Straße in die Luft geschossen. Dabei habe Jordanien gar nicht gespielt. »Meine Landsleute feiern allzu ausgelassen, wissen Sie? Ich habe gehört, in Ihrem Land ist es verboten, Waffen zu tragen. Das ist gut, das sollten wir auch einführen.«

»Warum tun Sie es nicht?«

»Die Menschen hier sind stolz darauf, von wilden Wüstenstämmen abzustammen. Daran klammern sie sich. Ist so ähnlich wie bei den Amerikanern und ihren Cowboys.«

Das Taxi lädt mich an einem der 50 Hotels in der 25 000 Einwohner umfassenden Stadt ab. Um den Staub der Wüste aus den Poren zu schwitzen und von Frauen mit Schwämmen den Schmutz abreiben zu lassen, betrete ich ein Hamam. Es ist später Nachmittag, im Türeingang beten drei Männer auf Matten. Ich warte auf einer erhöhten roten Bank an der Wand im Vorraum des Badehauses auf das Ende des Gebets und das Kommen des Chefs. Er kassiert das Eintrittsgeld. Bald hocke ich nackt in einer marmornen Nische. Mehr und mehr vernebelt sie. Ich lausche dem Zischen des Dampfes. Er zwängt sich aus einer Düse über einem kleinen Wasserkessel. Die feuchte Hitze lässt meine Haut durchlässig werden.

In einem 500 Jahre alten Hamam in Istanbul hatte ich zusammen mit Japanerinnen und Schwedinnen auf einem großen runden beheizten Mosaikplateau gelegen und geschwitzt, bis kräftige Türkinnen gekommen waren. Sie tauchten Kopfkissenbezüge in Seifenlauge, bis sie sich blähten und Blasen bildeten. Der Schaum tropfte auf unsere internationalen Frauenkörper. Wir wurden kräftig abgerieben. Daraufhin führten sie uns in halbrunde Nischen, wo wir uns auf Marmorbänke setzten. Englische Wörter flossen und die Türkinnen gossen frisches Wasser aus Kupferschüsseln über uns.

In Petra bin ich allein. Hier geht es schlichter zu. Eine starke Jordanierin geleitet mich zur Massageliege, seift mich mit dem Gummischwamm ab und führt mich unter die Dusche. Auf die Massage verzichte ich in beiden Ländern zur Überraschung der Leibreinigerinnen. Bin ich die einzige Frau auf der Welt, die sich vor den Schmerzen des Knetens fürchtet? In der Umkleide treffe ich auf aufgeregte Schweizerinnen, die nicht wissen, was sie erwartet und alles haarklein erklärt bekommen wollen, ehe sie sich hineinwagen.

Erfrischt und entspannt wandere ich die steile Straße hinauf, vorbei an Herrenfrisören und Hühnerschlachtern. Die Hühner geben keinen Ton von sich. Sie liegen zerrupft und halbtot auf dem Gitterrost ihrer Käfige, lange bevor das Beil fällt. Hälse hängen aus den Maschen herunter, die Augen sind verklebt und blind. Andere scheinen mich, die sich abwendet und vorbeigeht, noch wahrzunehmen. In der nächsten Gasse liegt ein weiteres Geflügelgeschäft, daneben ein Shop des internationalen Telefonkonzerns Orange, der der Telekom in nichts, was Kunden ärgert, nachsteht. Es gibt drei Dinge im Nahen Osten, die ich nicht vermissen werde, wenn ich nach Deutschland zurückkehre. Das sind in dieser Reihenfolge: Orange (der Telefonkonzern), Egged (die israelische Busgesellschaft) und Karma (die Bar neben meinem Schlafzimmer).

Ein junger Mann greift ein Huhn aus dem Käfig. Er wirft es in eine Maschine. Das laute Schreddergeräusch lässt mir die Haare zu Berge stehen. Ich eile in ein Restaurant, bestelle starken Tee. Schnaps gibt es nicht. Der fröhliche Wirt versucht, meine Stimmung zu heben. Er werde mir etwas Leckeres zubereiten, ich möge mich überraschen lassen. Er ist schneller in seiner Küche verschwunden als ich die Worte »kein Huhn« zusammenbasteln kann. Ich versuche, mich im Schatten beim Tee mit Blick auf die Straßenkreuzung zu entspannen. Wegen der Autohupen gelingt es nicht. Der Koch bringt Falafel auf Kichererbsenmus und Salat. Das Huhn mit Reis soll ich mir vom Buffet holen.

Zurück schlage ich neue Wege ein, aber auch hier liegt ein Hühnergeschäft neben dem anderen. Am Rande der Stadt weht der Wind die steile Bergwand herauf. Er ist warm, als wäre er über die sonnenspeichernden Steine gestreift. Schräg einfallendes Gold schimmert auf Pferderücken, sie stehen hier und da an den Hang gepflockt. Tief unten bewegen sich bunte Menschen. Sie alle wollen schauen, ob Thomas Edward Lawrence die Wahrheit sagte, als er in seinem Werk *Die sieben Säulen der Weisheit* schrieb: »Petra ist der herrlichste Ort der Welt.« Jede Beschreibung müsse vor dem eigenen Erleben verblassen.

Der Eingang zu diesem Ort liegt weit unten im Tal versteckt. Allenfalls ein Zufall würde einen Reiter durch die Wüste gerade an diese Stelle führen. So mag es passiert sein, dass der Arabienreisende aus der Schweiz, Jean Louis Burckhardt, 1812 Petra wiederentdeckte. Seit den Kreuzzügen hatte es kein Europäer mehr betreten. Hundert Jahre später setzten die Ausgrabungen ein, die bis heute andauern und erst 20 Prozent der Stadt der Nabatäer freilegten. Das mag jedoch auch daran liegen, dass die moderne Archäologie vorsichtiger geworden ist, als es der Pionier Schliemann in Troja war. In Unkenntnis moderner Methoden zerstörte er viel. Heute neigt man dazu, in der Hoffnung auf bessere Analysemethoden in der Zukunft, genug im Boden zu verwahren, wo es Jahrtausende geschützt überdauert.

Die Bunten sind fortgegangen. Die Sonne ist untergegangen. Wenn sie wieder aufgeht, werde ich Jahrtausende zurück in die Stadt der Nabatäer gehen.

Am frühen Morgen führen die Einwohner von Wadi Musa ihre farbenfroh betroddelten Dromedare, Maultiere und ihre leichtfüßigen, nervös die Köpfe in die Höhe werfenden Pferde zum Felsdurchgang in die antike Stadt Petra. Einige Touristen können den Fußmarsch nicht bewältigen, andere wollen nicht. Ich kaufe ein Ticket für zwei Tage, auf das mein Name gedruckt wird, und zahle 55 Dinar. Die kleine Einheit Piaster klingt nach Märchengeld. Das verleitet zu dem Glauben, die Währung sei weniger Wert, doch wird eins zu eins umgerechnet.

Jeder Räuber und Eindringling hätte 200 Meter tief in den engen, eineinhalb Kilometer langen Durchgang hinabsteigen müssen. Der Wind peitscht den

Sand durch die schmale Felsschlucht. An der engsten Stelle ist sie zwei Meter breit, geradeso, dass die kleinen Pferdekutschen hindurchpassen. Wir Wanderer weichen aus, indem wir uns gegen die Felswand pressen und in eine Rinne greifen. Die Nabatäer schlugen sie in den Fels, um eine Stadt von 40 000 Einwohnern und ihre Landwirtschaft mit Wasser zu versorgen. 200 Zisternen schützten im Inneren die Feuchtigkeit vor Verdunstung und Verschmutzung. Auf der anderen Seite des Tales gibt es einen ebenfalls versteckten Trampelpfad und keine dritte Möglichkeit, den Ort zu betreten. Er war sogar für einen Nachfolger Alexander des Großen uneinnehmbar.

Obwohl es oben über der Erde sichtlich heller und heißer wird, wird es hier unten kühler und schattiger. Wenn der Schatten am dunkelsten ist und die Felswände am dichtesten zusammenwachsen, sehe ich durch die Felsspalte die Sonne nicht nur oben, sondern auch geradeaus. Indem ich mich frage, wie das zusammenhängt, passiere ich langsamen Schritts den Spalt. Jäh blendet mich das Licht, ich senke die Lider, habe aber schon so viel gesehen, dass ich weiß, wenn ich sie öffne, werden sich mir die Atemwege verschließen und Tränen werden mir angesichts der Erhabenheit und Größe in die Augen schießen. Derartiges ist mir bis hierher nur in der Natur passiert. Und dies hier erscheint mir wie nicht allein von Menschenhand gemacht, vielmehr als ob Mensch und Natur zusammengearbeitet hätten. Denn die reich gestaltete Fassade, die sich vierzig Meter hoch vor mir aufrichtet, wurde keineswegs Quader auf Quader aufgebaut, sondern ist aus einem Felsen geschlagen. Ihr Stil ist griechisch. Ich kenne die Säulen und Simse, sah sie jedoch nie aus einem Stück und nicht an einem Ort, um den herum nichts als Gesteinswüste war und ist.

Spätestens jetzt drängt sich die Frage auf: Wer waren die Nabatäer? Wer solches aus dem Berg schlägt, der muss schriftliche Zeugnisse überliefert haben. Haben sie aber nicht oder die Schriftstücke sind verbrannt. Vielleicht waren die Einwohner dermaßen mit Meißeln beschäftigt, dass ihre Hände keine Federn mehr halten konnten? Wir wissen nicht einmal, ob sie den Raum hinter den massiven Fassaden als Gräber und Tempel benutzten, oder ob das eine Theorie aus unserer Kulturperspektive ist. Was wir wissen, ist, dass sie nach der Eroberung durch die Perser im 6. Jahrhundert v. Chr. die Edomiter aus Edom verdrängten. Die Nabatäer waren ein semitisches, also von Sem, einem Sohn Noahs abstammendes Volk. Von der Weidewirtschaft ging es zum Handel mit Luxusgütern über. Sie brachten Perlen aus dem Roten Meer, Weihrauch aus dem Süden Arabiens, Elfenbein aus Afrika, Gewürze aus Indien, Seide aus China zu Kunden rund um das Mittelmeer und auf umgekehrtem Wege Goldschmiedearbeiten aus Aleppo. Teer vom Toten Meer verkauften die Nabatäer an Ägypter, die die schwarze Masse zum Balsamieren benutzten. Aus einer Zeltstadt, ein paar Höhlenwohnungen und einer Karawanenstation erwuchs dank Zöllen und Zwischenhandel Petra. Der Name ist griechisch und bedeutet »Fels«. Wie die Nabatäer selbst diese Stadt nannten, ist unbekannt. Zu sehen ist, dass sie sich von den Stilen der Handelspartner inspirieren ließen. Ihre Macht wucherte soweit, dass sie im 1. Jahrhundert vor Christus Damaskus und Jerusalem einnahmen. Dem setzte Pompeius ein rasches Ende. Die Römer beanspruchten den Schiffshandel auf dem Roten Meer und leiteten die Handelswege um. Damit begann der Niedergang Petras. Rabel II., der letzte König der Nabatäer, verlegte seine Hauptstadt nach Bostra im heutigen Syrien. Sie ging im Römischen Reich auf. Besiedelt blieb Petra weiterhin im byzantinischen Zeitalter. Die Stadt gehört zu den ersten sechs Bischofssitzen der Welt. Erst nach zwei Erdbeben und der Eroberung der Region durch die muslimischen Araber 663 verließen die Einwohner den verfallenden Ort. Kreuzfahrer aus dem Königreich Jerusalem errichteten im 12. Jhd. zwei kleine Burgen. In den folgenden Jahrhunderten suchten durchziehende Beduinen Schutz in den Grabbauten und Höhlen, bis sich vor 400 Jahren der Stamm der B'doul ansiedelte. Das waren die letzten Siedler, die letztendlich von Archäologen vertrieben wurden. Wenige wohnen weiterhin in den Höhlen von Petra, um Getränke, Snacks, Souvenirs und Ritte auf Dromedaren, Pferden und Maultieren zu verkaufen. Sie hatten sich wohl ein besseres Leben erträumt, als sie auf die Fassade des vermeintlichen »Schatzhauses des Pharaos« schossen, weil sie dahinter Hohlräume vermuteten. Aber wie alle Bauten dieser Stadt besteht auch dieses Werk aus massivem Felsgestein.

Da ich mit Kopfschütteln beschäftigt bin, stolpere ich über den Hals eines schlafenden Dromedars, das sich der Farbe des Sandes anpasst. Ich überquere den weiten Sandplatz. Indem ich meinen Blick die Felswände hinaufklettern lasse, entdecke ich die in den Berg geschlagenen Fassaden. Kann man dort hinauf? Angesichts der so lang gestreckten Wand, dass das Auge kein Ende findet, wirken die Bauwerke klein. Steige ich aber bis zu ihnen auf, stehe ich wie eine Ameise vor einer Kathedrale. Im Inneren finde ich immer nur einen Raum, manchmal sind Gräber ausgeschachtet. Die Decken weisen ein gleichmäßiges, schwarz glänzendes Rillenmuster auf. Wie haben die Handwerker das geschaffen? Lassen sich derart lange und regelmäßige Rillen meißeln? Besteht die Decke aus Kohle, ist sie gestrichen oder geflämmt? Kein Ruß und keine Farbsplitter bleiben an meinen Händen haften.

Hohe schmale Stufen steigen und fallen zu Tausenden durch Petra und machen die Besichtigung beschwerlich. Sie weitet sich zu zwei Tagen aus, obwohl ich täglich sechs bis acht Stunden wandere. Immer wieder stütze ich mich schwer atmend gegen den Fels und ziehe mit den Fingern die gelben, roten, blauen, weißen Adern nach. Auf den Gipfeln weht der Wind, aber das Atmen wird nicht leichter, sondern stockt erneut angesichts des römischen Theaters. 5000 Zuschauer nahmen darin Platz. Auch dieses ist nicht Quader für Quader errichtet worden, vielmehr aus einem einzigen Berg geschnitten. Wie lässt sich das planen? Und was wurde aufgeführt? Ob sie griechische und römische Theaterstücke zeigten? Da die Nabatäer bei ihren Gräbern die Stile der Handelspartner einfließen ließen, werden sie es gleichfalls in der Kunst zugelassen haben.

Gegenüber dem Theater hatten Geschäftsleute vor einiger Zeit ein Hotel gebaut. Die Bausünde ist inzwischen wieder entfernt worden. Ein Restaurant steht am Ende der Säulenallee, der einstigen Hauptstraße von Petra. Am Rand befinden sich die Überreste einer byzantinischen Kirche. Der Mosaikboden zeigt neben jahreszeitlichen Motiven, Pflanzen, Tieren und einer barbusigen Frau das Bildnis der Stadt Mamshit. Sie liegt in der Negevwüste im heutigen Israel. Dort wiederum legten die nabatäischen Händler das Mosaik der Stadt Petra.

Stände voller Softdrinks, Salzgebäck, Steine und Schmuck säumen die 800 Stufen hinauf zum Felsengrab Ed-Deir. Der Name bedeutet »Kloster«. Doch erst im Mittelalter ließen sich Mönche darin nieder. Die Fassade ist 40 Meter hoch, 47 Meter breit und gekrönt von einer Urne. Der Wind peitscht Sandkörner über den 1400 Meter hohen Berggipfel in die Kniekehlen, als wolle er mich dazu bewegen, vor der Erhabenheit des Monuments niederzuknien. Aber wozu noch knien, selbst stehend bin ich vor dem Bauwerk so klein wie das Sandkorn in meiner Kniekehle im Vergleich zu mir. Ich wende mich um und ersteige die allerletzten Stufen, die mich vom Himmel trennen. Auf den Gipfeln rings herum hatten die Einwohner Opferfeuer entfacht.

Der Sturm wird stärker, will mich von der Felsnadel stürzen. Ich soll nicht so hoch hinaus. Wäre ich Jude, drückte ich jetzt die Kippa auf den Kopf, um Gott zu zeigen, dass ich gewillt bin, mich zu bescheiden. Stattdessen nehme ich meine bloße Hand, um sie auf das Haar zu pressen, als ob mich das auf der Erde halten könnte. Auf allen vieren klettere ich abwärts.

»Madam, look, good price!« Eine Beduinin weist auf den Verkaufsstand. »Look, Madam, good price!« Ein kleines Mädchen zeigt auf seine steinernen Waren. Immer mehr Damen, deren Füße schmerzen, deren Schuhe über die glatten Felsstufen rutschen, erklimmen Maultiere, um sich die Stufen hinuntertragen zu lassen. Unten steigen sie um. Ein Dromedar schaukelt sie zum Ausgang. Obwohl die Hüter der Tiere ihre ganze Körperkraft einsetzen, um den Kunden beim Aufsteigen zu helfen, kommt es zu belanglosen Unfällen. Ein dicker Amerikaner kugelt auf der anderen Seite des Kamels herunter, weil er mit allzu viel Schwung aufgestiegen ist. Ein steifbeiniger Europäer kann sich nicht entscheiden, mit welchem Bein er den Aufstieg auf den Dromedarberg beginnen soll. Am Ende der Schlucht auch noch auf ein Pferd zu klettern, wagen nur ein paar Kinder. Die Araberpferde werden von ihren Herren bestiegen, gellend angefeuert und im rasanten Galopp über die spitzsteinige Schotterpiste hinaufgetrieben. Die Sonne steigt von Gold zu Rot ab. Es wird still in Petra.

Ich setze mich in eine der Höhlen. Die Nabatäer hatten sie zu riesigen perfekt beleuchteten und klimatisierten Wohnstuben ausgebaut. Der Wind und die Hitze bleiben draußen, ich möchte mich zum Schlafen hinlegen. Aber vor dem Eingang lockt eine Tonscherbe. Und noch eine und noch eine. Die beiden Erdbeben 363 und 551 nach Christi haben Tonkrüge und Tassen zerschlagen und Abertausende von Scherben verteilt. So viele braucht kein Archäologe und kein Museum, um die zertrümmerte Kultur zu erforschen und zu beschreiben. Was die Forscher zurücklassen, holt sich der Bürger. Oder habe ich ein Verbotsschild übersehen? Gierig greife ich in den Staub. Wer arm an Fleiß oder Zeit ist, kauft das Erbe an den Beduinenständen. Wer aber anfängt, es zu sammeln, schleppt Taschen voller Artefakte und bunter Steine ... bis zum Koffer, dessen Gewicht die Fluggesellschaft begrenzt.

Werner Streletz
Rohbau
Roman
340 Seiten
14,90 EUR [D]
ISBN 978-3-89733-270-6

Leseproben

Monika Buschey
Schillers Weste
144 Seiten
12,80 EUR [D]
ISBN 978-3-89733-271-3

Leseprobe

Nadine d'Arachart|Sarah Wedler
**Linie 14
letzte Reihe
ich**
120 Seiten
9,90 EUR [D]
ISBN 978-3-89733-282-9

Leseprobe

Anja Liedtke
**Reise durch
amerikanische Betten**
Roman
150 Seiten
15,80 EUR [D]
ISBN 978-3-89733-286-7

Leseprobe

Birger Ludwig
Nacht der Sonne
Roman
402 Seiten
19,80 EUR [D]
ISBN 978-3-89733-269-0

Leseprobe

projektverlag.